La Russie sous Alexandre III

La Russie sous Alexandre III

Du Tsarévitch au Tsar : histoire d'un empire.

Ernest Daudet
Anatole Leroy-Beaulieu

Editions le Mono
Collection « Les Pages de l'Histoire »

ISBN : 978-2-36659-529-1
EAN : 9782366595291

Première Partie

La Russie sous le tsar Alexandre III[1]
Histoire générale

> Jamais un souverain n'a hérité de la couronne dans des circonstances plus tragiques que l'empereur Alexandre III, et jamais un souverain n'a été à son avènement l'objet de sympathies plus vives ni plus sincères.
>
> *(G. Valbert.)*

Peu de princes, en montant sur le trône, ont trouvé devant eux une mission aussi vaste et aussi compliquée que le fils d'Alexandre II. Lourd assurément était l'héritage de Nicolas en face des zouaves de Napoléon III et des highlanders de la reine Victoria campés sur les classiques rivages de la Tauride, avec vingt millions de serfs courbés sur la glèbe et le prestige impérial évanoui au dedans comme au dehors. Malaisée apparaissait la tâche de celui que son peuple devait un jour appeler le tsar martyr ; mais, si vaste et complexe qu'elle semblât, on savait au moins par quel bout la prendre. Faire la paix et préparer l'émancipation des serfs, tels devaient à tous les yeux être les premiers actes du nouveau règne.

---

[1] Par Anatole Leroy-Beaulieu.

Aujourd'hui, au contraire, plus de paix à signer, plus de serfs à libérer ; tout mis en question par l'opinion, par les bombes révolutionnaires, par le scepticisme général, et aucune réforme initiale nettement indiquée par les circonstances, aucune grande mesure imposée par la logique des faits. Comme son père, en 1855, Alexandre III a bien, lui aussi, une guerre à terminer, mais cette guerre contre un ennemi invisible et toujours renaissant, il ne peut la clore par un traité de paix. C'est l'âme de son peuple et de la jeunesse russe qu'il doit pacifier, et cela, il ne peut le faire qu'en réconciliant son gouvernement avec l'esprit du siècle, qu'en transformant les maximes du pouvoir et les procédés de ses agents, œuvre hasardeuse et de longue haleine, qu'il doit conduire en pleines hostilités contre des adversaires irréconciliables, sans se laisser arrêter par leurs menaces ou leurs coups, sans se laisser détourner par l'amour-propre, par la peur, ou par la présomption d'une fausse sécurité. Ce qu'était la Russie sous Alexandre II, les lecteurs ne l'ont pas oublié. Ce qu'ils ne savent peut-être pas assez, ce que je me permettrai de leur rappeler, c'est que, loin d'avoir été une époque de progrès et de réformes, les dernières années de l'émancipateur des serfs ont été, à tous égards, une période de confusion, de réaction, de recul. Jamais peut-être un gouvernement ne s'est montré aussi irrésolu et aussi en désaccord avec lui-même, ne sachant ni achever ce qu'il avait commencé, ni détruire ce qu'il avait ébauché.

Durant ces années d'incertitude et d'effarement, le pouvoir autocratique a perdu le bénéfice de ses grandes réformes, d'ordinaire appliquées avec trop de défiance et de restrictions pour porter tous leurs fruits. Après les désappointements d'un règne, aussi plein de promesses et illustré par tant de grandes mesures, on est contraint de se demander ce que valent désormais en Russie des réformes isolées et partielles, souvent mal combinées et mal agencées ensemble, telles que celles entreprises par Alexandre II. Ce qui paraît incurablement défectueux, ce qui a manifestement besoin d'une refonte radicale, c'est le mécanisme gouvernemental lui-même, dans ses pièces essentielles, dans tous ses rouages et ses ressorts, c'est l'administration impériale prise du haut en bas. Ce qu'il faut par-dessus tout à la Russie, ce qu'elle attend avec impatience d'Alexandre III, c'est une réforme administrative entendue dans le sens le plus large, non des modifications de détail dans la hiérarchie et les privilèges du tchinovnisme, mais des mesures effectives atteignant tous les organes du pouvoir, depuis les ministères de Saint-Pétersbourg jusqu'à l'administration provinciale et municipale, jusqu'à la police du district et aux communes rurales. La libération du servage' bureaucratique, déjà deux fois séculaire, telle est, de l'aveu de tous, indépendamment des divergences de points de vue ou de partis, la tâche dévolue au nouveau règne, et ce qui en fait la principale difficulté, c'est qu'une pareille émancipation ne semble pouvoir s'accomplir qu'en modifiant tout l'organisme politique et en touchant au principe même du pouvoir.

I

Dans la Russie moderne, au XIXe siècle comme au XVIIIe, tout est parti d'en haut, de l'empereur, de la capitale. Depuis Pierre le Grand, le pouvoir s'est systématiquement appliqué à supprimer tout mouvement spontané dans le pays pour le réduire à l'état

9

d'automate, de mécanisme docile, n'ayant d'autre moteur que le ressort gouvernemental. Toute l'administration a été calquée sur l'organisation militaire ; la discipline, la consigne ont été la loi de la vie civile, comme de la vie du soldat, et la consigne s'est étendue à tous les détails de l'existence, avec une minutie et une indiscrétion inconnues ailleurs. D'un bout à l'autre de l'empire, dans l'administration locale comme dans l'administration centrale, tout a dû se faire par ordre. Sous la main de Pierre et de ses successeurs, la Russie a été comme un soldat au régiment, comme une recrue à l'exercice qui marche, s'arrête, avance, recule, lève le bras ou la jambe, au commandement d'un sergent instructeur. Et ce système était la conséquence naturelle de l'entreprise de Pierre le Grand, qui voulait transformer les mœurs du peuple ainsi que les lois de l'état. On sent quels ont été les effets d'un pareil régime appliqué durant des générations. Le pays, patiemment dressé à l'inertie, a perdu toute initiative, et quand sous Catherine II, quand sous Alexandre II, le pouvoir a convié la société à agir par elle-même, dans la sphère modeste des intérêts locaux, la société et les provinces, désaccoutumées de l'action, désintéressées de la vie publique, ont eu peine à répondre à l'invitation du pouvoir. Après avoir si longtemps travaillé à éteindre toute vie locale, le gouvernement ne pouvait tout d'un coup la rallumer à son gré. Le pli de la réglementation administrative était pris par le pays aussi bien que par l'état ; et ni l'un ni l'autre, ni la société, ni les agents du pouvoir ne pouvaient à volonté dépouiller les vieilles mœurs. Aussi tous les essais pour substituer l'activité spontanée de la population au mouvement automatique de la bureaucratie n'ont-ils eu jusqu'ici qu'un médiocre succès.

La faute, on doit l'avouer, en a été en grande partie au pouvoir et à ses procédés. S'il a fait appel au concours de la société et à l'initiative locale, il l'a fait avec tant de défiance et de parcimonie, en en limitant les droits avec une si étroite jalousie, qu'il a découragé lui-même l'initiative individuelle qu'il se piquait de provoquer. Puis, dans tous ses essais de ce genre, le pouvoir impérial a usé d'un procédé aussi défectueux qu'illogique. On a bien voulu décentraliser, frayer la voie au *self-government* local, limiter l'autorité de la bureaucratie et du tchinovnisme ; mais dans toutes ces louables tentatives, on n'a touché le tchinovnisme et l'administration que par le bas, par les parties inférieures. Or, pour transformer le régime bureaucratique, pour introduire dans les organes et les veines de l'état une vie nouvelle avec un sang nouveau, c'était par l'administration centrale et le haut tchinovnisme que la réforme eût dû procéder ; c'était à la source même de l'arbitraire qu'il fallait refréner les abus.

Rien de plus défectueux que les principaux ressorts du gouvernement russe. En dehors même de l'autocratie qui en reste l'unique moteur, aucun état moderne n'a une machine aussi imparfaite. On imaginerait difficilement quelque chose de plus grossier et de moins pratique que les deux grands agents de l'autorité suprême, les deux organes qui, au nom de l'autocratie, exercent l'un le pouvoir législatif, l'autre le pouvoir exécutif : le *conseil de l'empire* et le *comité des ministres*. Pour se rendre compte des vices de l'administration impériale et de la caducité du régime en

11

vigueur, il n'y a qu'à en examiner la constitution et le fonctionnement. Le conseil de l'empire, institué par Alexandre Ier et Spéranski, n'a pas répondu aux espérances de ses fondateurs. Destiné à suppléer à l'absence de parlement, à représenter le pouvoir autocratique en qualité de législateur, il devait en même temps contrôler l'administration des ministres. De ces deux missions il n'a vraiment rempli ni l'une ni l'autre. La faute en est à la fois au mode de recrutement de cette haute assemblée et au règlement qui lui est imposé. Ce conseil, théoriquement investi des plus larges attributions, celles d'élaborer des lois et de contrôler l'administration supérieure, est en grande partie composé de hauts fonctionnaires, les uns en place, les autres en retraite, les premiers absorbés par leurs emplois, les autres souvent hors d'état, par l'âge ou la maladie, de prendre aux travaux du conseil une part sérieuse. A côté de nombreux aides de camp étrangers aux affaires, siègent d'anciens fonctionnaires civils, désireux de rentrer au service actif et plus jaloux de se concilier les ministres que de surveiller leurs actes. Quand on défalque les non-valeurs, on trouve que, sur les soixante membres du conseil, il ne reste, comme force effective, qu'un personnel insuffisant, incapable, par le nombre comme par la situation de ses membres, de remplir le rôle de corps législatif ou de chambre de contrôle. A cette institution, comme à toutes les assemblées russes, manque enfin ce qui, malgré ses défauts d'origine, pourrait ailleurs lui donner un peu d'indépendance et d'autorité : l'esprit de corps.

Ainsi faite, cette assemblée est fatalement réduite à un rôle tout passif, tout extérieur. Au lieu d'élaborer des lois, elle se contente le plus souvent d'enregistrer des décrets. Aussi, lorsqu'il s'agit de mesures de quelque importance, le souverain, loin d'en confier l'étude à son conseil de l'empire, recourt d'ordinaire à des commissions spéciales dont les projets ne sont guère soumis au conseil que pour la forme. C'est de cette façon, à commencer par l'émancipation des serfs, qu'ont été préparées toutes les grandes réformes administratives, judiciaires, militaires, économiques. Ce système de commissions isolées, temporaires, révocables à volonté, est peut-être, du reste, plus conforme au principe du pouvoir autocratique. Sous Alexandre III comme sous Alexandre II, il y a toujours en train plusieurs commissions ou comités de ce genre, dont beaucoup, après avoir fait quelque bruit à leur naissance, disparaissent silencieusement, sans rien avoir produit que de volumineux rapports, ou s'éternisent indéfiniment après de savantes et stériles dissertations théoriques. A l'aide de ces commissions spéciales, le gouvernement remédie à l'insuffisance de son conseil législatif ; mais ce n'est pas sans un double inconvénient. C'est d'abord au prix d'une lenteur désespérante, qui ferait souvent paraître rapide la longue procédure de nos parlements les moins expéditifs ; c'est ensuite en perdant tous les avantages d'une législation uniforme et homogène. Issue de commissions diverses et sans lien entre elles, de comités étrangers les uns aux autres et obéissant parfois à des impulsions opposées, la législation russe garde forcément quelque chose de fragmentaire, d'incohérent, d'inconséquent. Le mode de confection des lois explique le peu d'harmonie et le peu de fruits de beaucoup des meilleures réformes d'Alexandre II.

On ne saurait rendre au conseil de l'empire le rôle que lui destinait son fondateur sans en relever le niveau et en étendre les droits, et cela ne saurait se faire sans en modifier la composition. On y a songé à la fin du règne d'Alexandre II. On a parlé non-seulement d'augmenter le nombre des membres du conseil, mais d'y appeler, à côté des représentants de l'empereur, des représentants du pays, choisis dans le sein des assemblées provinciales, si ce n'est élus par elles. Beaucoup de Russes se plaisaient à voir dans un tel expédient un moyen de faire participer la Russie à son gouvernement sans lui donner de constitution, un moyen d'avoir sans élections politiques l'équivalent d'un parlement. Quelle que soit la valeur pratique de pareils procédés, l'empereur Alexandre II semble n'en avoir pas été éloigné au moment de sa mort, et des projets analogues pourraient, sous Alexandre III, être remis sur le tapis. En attendant, ce qu'il n'a pas encore osé faire d'une manière régulière et permanente, pour le conseil de l'empire, le gouvernement impérial l'a déjà pratiqué partiellement pour quelques-unes de ses grandes commissions législatives. Comme Alexandre II avait, lors de l'émancipation, appelé, dans les *comités de rédaction*, des membres des assemblées de la noblesse, Alexandre III a déjà en une ou deux occasions fait siéger, dans ses commissions, des membres des zemstvos. En cette modeste mesure, les délégués de la société n'étant même pas choisis par ses représentants élus, on peut dire que le pays est déjà invité parfois à donner son avis sur certaines affaires ; mais, de quelque manière que soient composées les assemblées délibérantes, conseil de l'empire ou commissions spéciales, ces assemblées ne sont jamais que consultatives ; le pouvoir législatif reste intégralement dans la main de l'empereur.

Comme pour mettre cette vérité plus en relief, pour mieux rappeler au conseil de l'empire l'humilité de son rôle et la vanité de ses délibérations, ce conseil, en droit le premier corps de l'état, ne se prononce même pas, à proprement parler, sur les projets qui lui sont présentés. Afin de mieux constater l'indépendance de la volonté impériale et de n'en point gêner l'omnipotence, on ne soumet pas à l'empereur les décisions prises par la majorité du conseil, mais bien simultanément l'avis de la majorité et l'avis de la minorité, ainsi mises officiellement sur le même rang. Qu'on imagine un pareil système appliqué à des chambres représentatives, et un gouvernement également libre d'opter entre la majorité et la minorité. Si certaines influences ou certaines doctrines venaient à prévaloir près du tsar, c'est pourtant là le spectacle que la Russie pourrait un jour offrir à l'Europe.

Là où les grands corps de l'état ne sont que les humbles agents du pouvoir autocratique, les ministres ne sauraient être autre chose. L'érection des ministères est à peu près contemporaine de la fondation du conseil de l'empire. C'est encore là une création de l'empereur Alexandre Ier qui, ambitionnant la gloire de réformateur, cherchait à donner à ses peuples des institutions plus en rapport avec celles des grands états européens. C'est par un ukase de 1802 que les ministères furent substitués aux *collèges* de Pierre le Grand, lesquels n'étaient guère au fond que les anciens *prikases* moscovites, remaniés sur le modèle des administrations collégiales en honneur chez nous au temps de la régence.

Les anciens *collèges* avaient donné lieu à des reproches inhérents au système collégial même ; ils n'en furent pas moins regrettés de quelques hommes d'état, inquiets de l'étendue des pouvoirs confiés à un seul homme et craignant de rencontrer chez les nouveaux ministres autant d'autocrates. Le comte Vorontsof, dans une lettre à Kotchoubei, l'un des promoteurs de la réforme, s'était fait l'organe de ces appréhensions, au lendemain même de l'institution des ministères. Ce patriote s'élevait d'avance contre le despotisme des ministres affranchis de tout contrôle, tandis que les anciens collèges, qui lui semblaient déjà porter leur garantie en eux-mêmes, avaient été assujettis par Pierre le Grand au contrôle du sénat. Si de pareils regrets du passé étaient peu justifiés, les institutions de Pierre le Grand ayant fort mal répondu aux espérances du réformateur, il n'en était pas de même des craintes de Vorontsof pour l'avenir. L'omnipotence ministérielle, en débarrassant l'administration des lenteurs et de la complexité de la procédure collégiale, devait avoir pour premier effet d'exagérer encore la centralisation bureaucratique et la tutelle gouvernementale.

Il semble de loin que la patrie de l'autocratie doive être le pays de l'harmonie des pouvoirs et de l'unité administrative. Vues à distance, les diverses administrations, avec leur forte centralisation bureaucratique, ressemblent à ces nouvelles horloges pneumatiques, dont les aiguilles, mues par le même ressort, marchent toutes à la fois et marquent toutes la même heure. En fait, il n'en est rien : l'unité d'action qui, en théorie, semble l'apanage des régimes absolus, fait souvent défaut à la Russie. Ce gouvernement, où tous les pouvoirs procèdent de la même volonté, où toute l'autorité est concentrée dans la même main, où il n'y a officiellement qu'un seul moteur, est de ceux dont les rouages administratifs donnent lieu au plus de frottements, et, par suite, à la plus grande déperdition de forces.

La principale raison de cette anomalie est l'isolement des divers ministères, qui forment comme autant d'états indépendants, ayant chacun leur trésor particulier, et leur armée d'employés, toujours prêts à entrer en campagne les uns contre les autres.

Si la Russie a des ministres, elle n'a pas encore de ministère, au sens politique du mot. Entre les chefs des diverses administrations il n'y a aucune cohésion, aucun lien, il n'y a ni solidarité ni direction commune. Les ministres se réunissent bien à certains jours pour se concerter ensemble ; mais à ces réunions, impérieusement exigées parles besoins des différents services, la langue officielle refuse le titre occidental de conseil (*sovêt*) et, à plus forte raison, le titre parlementaire de cabinet. La Russie n'a qu'un comité des ministres (*comitet ministrof*), et ici les noms ne sont pas sans importance. Les ministres du reste ne sont pas les seuls membres de ce comité ; à côté d'eux y siègent, non-seulement le contrôleur de l'empire et le procureur du saint-synode, lequel peut être regardé comme une sorte de ministre des affaires ecclésiastiques, mais les chefs de certaines sections de la chancellerie impériale, les présidents des divers départements du conseil de l'empire et jusqu'au directeur des haras. Avec un véritable conseil, uniquement composé des chefs des ministères, ce soi-disant comité des ministres deviendrait un rouage inutile. La présidence en appartient à un personnage que l'empereur désigne et qui lui-même n'est d'ordinaire pas ministre. Durant la plus grande partie du règne d'Alexandre II le président du comité était un homme de cour, sans valeur ou influence politique, un général Ignatief, paient du célèbre négociateur de San Stefano. Lorsque, un an ou deux avant sa mort, Alexandre II avait appelé à ce poste un des plus distingués de ses anciens collaborateurs, le comte Valouief, successivement ministre die l'intérieur et des domaines, on s'était demandé si, entre ces nouvelles mains, cette présidence, jusque-là purement honorifique, n'allait pas prendre une valeur politique. En fait, il n'en a rien été, et Alexandre III a, en octobre 1881, remplacé le comte Valouief par M. de Reutern, longtemps ministre des finances, sans que la présidence du comité ait cessé d'être une sinécure pour un favori de cour ou une grasse prébende pour un ancien ministre dont le souverain veut récompenser les services passés.

Les affaires devraient, semble-t-il, être toujours discutées en comité ou en conseil par les ministres ; mais les chefs des diverses administrations se dispensent fréquemment de cette formalité pour frapper directement au cabinet de l'empereur. L'usage est que les ministres présentent leur rapport (*doklad*) individuellement au souverain. Cette habitude seule enlèverait toute solidarité aux différents chefs d'administration. N'étant responsables que devant l'empereur, et n'ayant devant lui qu'une responsabilité individuelle, les ministres ne sont en réalité que les secrétaires, on pourrait dire les commis du tsar, mais des secrétaires qui, seuls au courant des affaires, dictent le plus souvent les résolutions du maître, et des commis tout puissants, s'ils ont l'oreille de l'autocrate.

Les ministres les mieux en cour ne se gênent point pour passer par-dessus la tête de leurs collègues et faire adopter au souverain des mesures inconnues de ces derniers. Les divers organes du gouvernement, au lieu de fonctionner d'accord, se contrarient et se paralysent mutuellement. Le comte Vorontsof avait encore signalé cet inconvénient avant même que l'expérience l'eût révélé. Il avait prévu, dès la création des ministères, que si les ministres pouvaient communiquer isolément leurs rapports à l'empereur, que s'ils traitaient chacun avec lui, en tête-à-tête, des affaires de leur ressort, on verrait édicter des ukases dont certains ministres ne seraient informés qu'en même temps que le public. On comprend les effets d'un pareil système ; le ministre des finances n'est averti qu'après coup des projets de dépense de ses collègues de l'intérieur ou de la justice ; le ministre de la guerre peut ignorer si la politique des affaires étrangères est belliqueuse ou pacifique.

La première et naturelle conséquence de cet isolement des ministères a été le manque d'unité administrative, le désordre, la confusion. Les ministres ne sont pas unis entre eux et, dans le sein de chaque ministère, les divers *départements* sont presque indépendants les uns des autres. Les ministres peuvent prendre beaucoup sur eux quand ils ont la confiance du maître ; et, au-dessous des ministres, chaque haut fonctionnaire, pour peu qu'il possède la faveur personnelle du souverain, peut agir à sa guise, à l'encontre ou à l'insu de ses collègues ou de ses chefs. On aboutit ainsi, dans la politique intérieure, parfois dans la politique étrangère, à des incohérences et à des contradictions qui vont jusqu'à donner au gouvernement l'apparence de la duplicité. Presque toujours rivaux et fréquemment ennemis, représentant souvent des tendances contraires ou des coteries hostiles, que, comme Alexandre II, le souverain oppose parfois systématiquement les unes aux autres pour ne se livrer entièrement a aucune, les ministres se font sourdement une guerre clandestine et parfois même presque publique. Sous Alexandre II, c'était tantôt la justice qui était en lutte avec l'intérieur, tantôt l'instruction publique qui bataillait avec la guerre. Tandis que le ministre de la justice cherchait à déraciner les anciens abus et à garantir la liberté individuelle, son collègue de l'intérieur, partisan du vieil arbitraire bureaucratique, se plaisait, par des poursuites administratives, à rendre illusoire l'action des tribunaux. Les discordes des ministres, qui se combattaient mutuellement à la cour, dans les salons, dans la presse même, se propageaient parmi leurs subordonnés. Toute l'action gouvernementale en était entravée, l'anarchie s'introduisait dans les diverses branches de l'administration, et ce désordre, recouvert d'un trompeur vernis d'uniformité, tournait au profit de la propagande révolutionnaire.

Il semble, de loin, qu'un peuple moderne n'ait qu'à souffrir d'un pareil chaos administratif. En Russie, on peut se demander si, sous un régime absolu, les défauts de l'administration n'ont pas, pour l'avenir du pays, presque autant d'avantages que d'inconvénients. Ce n'est pas là un vain paradoxe. L'anarchie administrative, comme tous les autres vices de la bureaucratie impériale, comme tout ce qui affaiblit l'omnipotence de l'état, n'est pas sans quelques compensations ; les frêles libertés naissantes en ont peut-être éprouvé plus de bénéfice que de dommage. L'esprit de progrès et de libre investigation, qui, dans un état autocratique, eût risqué d'être entièrement étouffé sous l'accord des divers organes du pouvoir, a pu respirer quelque peu à travers les fissures laissées entrouvertes par les discordes et la désunion des ministres. Une feuille de Saint-Pétersbourg en faisait un jour la remarque : dans le passé, sous Alexandre II comme sous Alexandre Ier, une direction gouvernementale uniforme eût, aux époques de réaction, toujours fréquentes en Russie, tourné contre les idées libérales, et singulièrement favorisé la victoire de la politique rétrograde ; elle eût, par exemple, pu détruire presque entièrement les meilleures réformes d'Alexandre Nicolaiévich. Avec le régime actuel, au contraire, sous le couvert du désaccord et des dissensions des ministres, grâce à l'autonomie des divers services, les idées autoritaires et les tentatives de réaction peuvent triompher dans un ministère sans l'emporter dans tous les autres ; les maximes libérales peuvent, aux époques les plus sombres, trouver un refuge dans certains départements et y attendre le retour d'une heure plus bénigne.

A regarder les choses sous toutes leurs faces, un patriote ne devrait donc souhaiter une plus grande unité administrative que si cette unité de gouvernement était associée à des garanties nouvelles pour le pays. Autrement tout le bénéfice risquerait d'être pour la bureaucratie, pour la centralisation, et la tutelle administrative. A dire vrai, ce danger n'est pas de ceux que les Russes ont le plus à redouter. Le gouvernement aura, sous ce rapport, bien de la peine à sortir de ses anciens errements. Il s'est beaucoup préoccupé de la question, durant les derniers mois du règne d'Alexandre II et les premières semaines du règne d'Alexandre III, mais jusqu'ici il n'a point su la résoudre. On a parlé de remplacer le comité des ministres par un véritable conseil, pour ne pas dire un cabinet au sens européen du mot, de rendre les ministres solidaires les uns des autres, d'appeler même peut-être l'un d'eux aux fonctions et au titre de premier ministre. Un pareil changement eût, en général, été vu d'un bon œil par les libéraux. Un cabinet solidaire, collectivement responsable devant le souverain, en attendant qu'il pût le devenir devant la nation, semblerait, non sans raison, à beaucoup de Russes un premier pas dans la voie constitutionnelle. C'était une des réformes qu'on attendait d'Alexandre III, après l'avoir en vain espérée de son père.

Si, pour des motifs différents, presque tous les partis s'accordent à demander plus d'homogénéité dans le ministère, une telle innovation est difficilement conciliable avec les traditions autocratiques. Il est partout malaisé d'avoir un cabinet solidaire et homogène sans un chef effectif et une influence prépondérante, sans un président du conseil ou un premier ministre. Or, à l'inverse d'autres monarques absolus, les empereurs de Russie n'ont jamais eu de premiers ministres. Sur ce point, ils ont, par instinct ou par système, toujours suivi la maxime de Louis XIV, au risque de voir renouveler chez eux, avec plus de dommage pour le bien de l'état, le long duel des Colbert et des Louvois. Pour rester plus sûrement maîtres de leur pouvoir, pour garder, en fait comme en droit, la plénitude de leur autorité, les empereurs ont la prétention d'être leurs propres premiers ministres, et s'ils n'en ont pas eu tous, comme Pierre le Grand ou Catherine II, l'énergie ou la capacité, ils se sont, comme Alexandre II, appliqués avec un soin jaloux à maintenir une sorte de balance entre leurs conseillers, à opposer les influences et les tendances les unes aux autres, veillant à ne laisser à aucune opinion, à aucun personnage, un ascendant prédominant. Il n'a fallu rien moins que les attentats répétés du nihilisme, que l'impuissance avérée de son gouvernement en face des complots d'une bande de jeunes gens, pour décider Alexandre II, dans sa dernière année, à réunir tous les pouvoirs en une seule main et à confier au général Loris Mélikof une sorte de dictature.

Avec le régime autocratique, confessaient naguère les plus importants organes de la presse, il n'y a pas de place pour un premier ministre. A cet égard, Saint-Pétersbourg et Moscou, d'ordinaire en désaccord, semblaient du même avis : « Chez nous, écrivait en mai 1881 l'une des premières feuilles de Pétersbourg, le *Poriadok (Ordre)*, un premier ministre ne pourrait être qu'un grand-vizir.» Et cela est vrai, les rares hommes d'état, — d'Araktchéief, sous Alexandre Ier, à Loris Mélikof, sous Alexandre II, — qui ont joui d'une influence prépondérante, n'ont guère jamais été autre chose. Un Richelieu ou un Bismarck n'est pas plus possible en Russie qu'un Cavour ou un Robert Peel. L'empire possède un chancelier, mais ce premier dignitaire de l'état est d'ordinaire confiné dans la politique étrangère et n'a d'autre ascendant que son autorité personnelle. L'autocratie est un soleil qui ne veut point admettre de satellite de peur d'en voir son propre éclat éclipsé ou obscurci.

La Russie n'en sent pas moins le besoin impérieux d'un cabinet homogène, afin d'assurer au gouvernement l'unité de direction, qui lui a fait défaut jusqu'à présent. C'est par là peut-être que commencera la transformation politique de l'empire. Un pareil conseil, avec ou sans présidence officielle, changerait forcément toutes les relations du souverain et de ses ministres. Un ministère solidaire, collectivement responsable, prendrait fatalement vis-à-vis de l'empereur une attitude d'indépendance inconnue jusqu'à présent ; ii traiterait bientôt avec l'autocrate de puissance à puissance. Pour le conserver au pouvoir, le tsar serait obligé de compter avec lui, de lui laisser le champ libre, parfois même de lui donner carte blanche. Le cabinet se sentirait peu à peu responsable devant la société et le pays autant que devant l'empereur. L'opinion serait pour lui comme une sorte de parlement en vacances dont il s'efforcerait de gagner la confiance. Unis, et agissant de concert en vertu d'un programme commun, les ministres, de quelques restrictions légales qu'on circonscrive leur pouvoir, cesseraient d'être les simples instruments de la volonté souveraine. Le tsar pourrait se trouver presque réduit au rôle de souverain constitutionnel sans constitution ni parlement. Cette réforme, en apparence si modeste, qui semble la plus urgente de toutes, implique au fond une sorte de révolution ; peut-être même qu'une fois adoptée en principe, elle serait aussi difficile à établir et à faire durer qu'une constitution et une représentation politique.

Quoi qu'on imagine, on ne saurait donner plus d'unité à l'administration et au gouvernement sans empiéter indirectement sur l'autocratie, sans marquer une limite aux droits personnels du souverain en même temps qu'à ceux de ses ministres. Pour cela, par exemple, on a proposé d'enlever à ces derniers, et par suite à leur maître, la faculté de décider aucune affaire sans le consentement de tous leurs collègues ; on a érigé en principe que les *doklades* ou rapports ministériels ne

24

devraient être soumis 4 la sanction suprême qu'après une délibération du conseil. Le procédé est des plus simples ; mais, s'il n'était accompagné d'aucun autre changement dans l'état, si, en droit, le pouvoir absolu restait entier, il serait difficile d'assurer, dans la pratique, la stricte exécution d'une pareille règle. Comment, en effet, interdire à l'empereur d'arranger telle ou telle affaire avec un ministre favori, et de quelle manière le contraindre à ne rien trancher en dehors de son conseil ?

Cette question a déjà été, au printemps de 1881, l'occasion de la dissolution du premier ministère de l'empereur Alexandre III. Pour rassembler toutes les forces du gouvernement dans la lutte contre le nihilisme, pour mettre fin aux trop fréquentes guerres civiles des administrations entre elles, il avait été décidé, selon le principe posé plus haut, qu'à l'inverse de ce qui se pratiquait sous Alexandre II, les ministres ne présenteraient plus à la signature impériale que les mesures approuvées en conseil par leurs collègues. L'empereur, paraît-il, avait sanctionné cet arrangement, le public en avait été informé ; on se flattait déjà de voir la Russie en possession d'un vrai cabinet, lorsqu'une intrigue de cour, comme il en peut toujours surgir en un gouvernement absolu, est venue tout modifier. On avait oublié que la première condition pour qu'un pareil principe pût être respecté, c'était que tous les ministres fussent d'accord et obéissent à la même inspiration. Or il était loin d'en être ainsi du premier ministère d'Alexandre III. On y distinguait, selon les traditions du règne précédent, au moins deux tendances plus ou moins nettement indiquées, car, en Russie, les couleurs politiques sont encore loin d'être aussi tranchées qu'ailleurs. Les partisans des idées soi-disant libérales ou occidentales semblaient l'emporter par le nombre comme par l'influence. C'étaient notamment d'anciens ministres d'Alexandre II, le général Loris-Mélikof, ministre de l'intérieur, le général Dmitri Milutine, ministre de la guerre et M. Abaza, ministre des finances. Ces trois personnages formaient une sorte de triumvirat dont l'ascendant semblait devoir être prédominant. A côté, ou mieux, en face d'eux se rencontraient des hommes appelés au pouvoir par le nouvel empereur et qui passaient pour représenter les aspirations plus ou moins vagues du parti national ou des anciens slavophiles. C'étaient d'abord le général Ignatief, l'ancien ambassadeur à Constantinople, alors ministre des domaines, puis le procureur-général du saint-synode, M. Pobédonostsef, ancien précepteur d'Alexandre III, traducteur de l'*Imitation*, homme avant tout religieux et conservateur, en tout cas mieux disposé pour Moscou et le parti national que pour les idées occidentales en vogue à Pétersbourg. Ce n'était pas un ministère composé d'éléments aussi disparates qui eût pu imprimer à toute la politique une direction uniforme. L'inexpérience russe pouvait seule s'y tromper, mais la déception devait être rapide. Au moment où l'on se flattait déjà de voir la Russie entrer en possession d'un vrai cabinet, éclatait une crise ministérielle sans précédent jusqu'alors. L'empereur Alexandre III avait, en dehors de ses principaux ministres, arrêté les termes de son mémorable manifeste du 29 avril 1881, où, pour la première fois, il devait faire part de sa politique à ses peuples et à l'étranger. Ce manifeste, qui affirmait solennellement et avec une sorte d'affectation le pouvoir autocratique, avait été préparé dans l'ombre par M.

Pobedonostsef et le général Ignatief, avec l'appui du grand-duc Vladimir, frère de l'empereur, et avec l'aide de M. Katkof, le hautain rédacteur de la *Gazette de Moscou*, venu à Gatchina pour conférer avec le tsar. Si nous sommes bien informés, comme nous avons tout lieu de le croire, c'est à la fin d'un conseil tenu un jour ou deux avant la grande revue où devait être publié le manifeste, que la plupart des ministres reçurent connaissance de cet important document.

On comprend la surprise des hommes qui détenaient les principaux portefeuilles. Ils n'avaient pas imaginé qu'on pût ainsi, sans les consulter et presque à leur insu, engager devant l'Europe et devant la Russie la politique du nouveau règne. En face d'un tel procédé, la conduite des ministres de l'intérieur, de la guerre et des finances était tout indiquée ; ils n'avaient qu'à se retirer : c'est ce qu'ils ont fait à quelques jours de distance. Dans tout autre pays, la démission des ministres en pareille circonstance n'eût étonné personne ; en Russie, la retraite volontaire et simultanée des principaux conseillers du tsar a, pour bien des gens, été une sorte de scandale. C'est, en tout cas, un fait nouveau dans les annales du gouvernement russe ; cela seul implique un progrès dans les idées et les mœurs politiques.

On raconte qu'un des ministres du bey de Tunis lui ayant un jour offert sa démission, le bey répondit avec colère à cette velléité d'indépendance : « Un esclave n'a pas le droit de quitter le poste où l'a placé son maître. » Le tsar eût pu naguère tenir à peu près le même langage à ses conseillers. Sous ce rapport, les mœurs de la cour de Pétersbourg étaient restées fort orientales. Les ministres n'étant que les humbles instruments de la volonté impériale, n'avaient pas à juger les ordres du maître, et encore moins à en décliner l'exécution. Toute démission volontaire implique un désaveu, un sentiment d'indépendance et de responsabilité ; à ce titre, c'est un acte que peut difficilement se permettre le sujet d'un autocrate. Avec les mœurs bureaucratiques en vogue, bien peu de ministres étaient, du reste, tentés de s'arroger une pareille liberté ; presque tous étaient heureux de rester aux affaires aussi longtemps qu'il plaisait au souverain de les y maintenir ; la plupart n'avaient d'autre souci que de prendre le vent qui soufflait à la cour. Si la Russie pouvait encore citer quelques démissions isolées, elle ne connaissait pas les démissions collectives, déterminées par un acte de politique générale. C'est sous Alexandre III, en 1881, que Pétersbourg a pour la première fois assisté à un pareil spectacle, et pour faire admettre des démissions aussi insolites, les ministres, qui se retiraient simultanément, ont dû les échelonner à quelques jours de distance et mettre presque tous en avant leur mauvaise santé, comme si une subite épidémie eût frappé les hôtels ministériels.

La retraite volontaire de trois ou quatre ministres du tsar, en 1881, restera, dans l'avenir, comme un exemple et un précédent significatifs. C'est la marque de la révolution qui, en dépit de tous les obstacles, s'accomplit peu à peu dans les mœurs gouvernementales. On sent de plus en plus que les différents ministères ne peuvent demeurer isolés, qu'ils doivent cesser de former un état dans l'état et d'agir chacun pour leur compte. Parmi les plus conservateurs des personnages politiques, comme parmi les plus enclins aux nouveautés, se restreint chaque jour le nombre des hommes disposés à gouverner sans s'inquiéter du choix et des vues de leurs collègues. Quoi qu'on fasse, en effet, de quelque esprit et de quelques conseils que s'inspirent les successeurs d'Alexandre II, il importe que le gouvernement ait une direction. Or, avec des ministres désunis, sans solidarité entre eux, il ne saurait y avoir ni plan de gouvernement ni direction suivie, ou, ce qui revient au même, il y en a plusieurs à la fois. En Russie comme ailleurs, un ministère sans programme commun sera toujours un gouvernement sans programme.

La chose est si claire que, pour mettre fin aux difficultés présentes, j'ai entendu un Russe, fort au courant de son pays, — ce qui n'est pas si fréquent qu'on le pense, — soutenir que l'empereur Alexandre III n'avait qu'une chose à faire : appeler un des hommes d'état les plus en vue, mort depuis, le général Milutine, le général Loris-Mélikof, le comte Ignatief, ou tout autre à son choix, et lui confier la mission de former un ministère en lui laissant carte blanche, sauf au tsar, si l'expérience ne semblait pas en bonne voie, à remettre bientôt le pouvoir à un autre personnage. « De cette manière, me disait mon interlocuteur, le pays serait sûr d'avoir un gouvernement homogène, et l'empereur, cessant d'avoir la responsabilité de tous les actes du gouvernement, ne verrait plus retomber sur lui toutes les fautes de ses agents. Les ministres resteraient face à face avec la nation, les mécontents et les révolutionnaires n'auraient plus de raison de s'en prendre au souverain. » L'idée est ingénieuse, et, sur toutes les panacées proposées, elle a l'avantage de se prêter à divers systèmes de gouvernement et aux tendances les plus différentes. En réalité, cependant, un tel procédé impliquerait toujours une demi-abdication de l'autocratie, une espèce de constitutionnalisme latent. Aussi est-il douteux qu'il soit employé franchement, bien que l'empereur Alexandre III paraisse comprendre la nécessité de donner au gouvernement plus de cohésion, et semble, par suite, disposé à laisser la direction des affaires à une influence prédominante comme aujourd'hui celle du général Ignatief.

II

Non moins grands sont les défauts de l'administration locale, non moins urgent le besoin de réforme. On sait quels sont les vices invétérés de la bureaucratie russe, l'ignorance, la paresse, la routine, l'arbitraire, la vénalité surtout. Pareille à un venin ou à un virus répandu dans tout le corps social, la corruption administrative en a empoisonné tous les membres, altéré toutes les fonctions, énervé toutes les forces. La vénalité a fait des meilleures lois une lettre morte ou une menteuse étiquette, elle a tari dans ses sources le développement naturel de la richesse publique, elle a préparé au gouvernement et à la nation d'humiliants mécomptes sur les champs de bataille et facilité aux conspirateurs l'exécution des plus invraisemblables attentats.

Je ne veux pas refaire ici la triste peinture des vices secrets dm tchinovnisme et des honteux ulcères de l'administration impériale, C'est là un sujet trop répugnant pour s'y appesantir volontiers ; ce que je suis obligé de constater, c'est que, sous ce rapport comme sous bien d'autres, le long règne d'Alexandre II n'a point tenu les espérances qu'il avait suscitées à son aurore. S'il y a eu progrès dans la première moitié du règne, il y a eu plutôt recul dans les dernières années. La guerre, qui partout ouvre une ample carrière aux intrigants et aux spéculateurs, a, durant la double campagne de Bulgarie et d'Arménie, livré un vaste champ aux tripotages, aux exactions de toute sorte. Les souffrances du soldat, mal nourri et mal vêtu, ont enrichi de nombreux aventuriers et, avec les fournisseurs infidèles, de hauts personnages civils et militaires, si bien qu'en dépit des réclamations de l'opinion publique le gouvernement a été longtemps sans oser faire de procès aux contractants les plus compromis, de peur de laisser dévoiler de trop nombreuses et trop hautes complicités. La guerre étrangère terminée, la guerre intérieure du gouvernement et des conspirateurs n'a pas été plus favorable à la moralité publique. Les mesures de répression et toutes les rigueurs dirigées contre les révolutionnaires ont indirectement favorisé les abus administratifs et la vénalité.

L'extension des pouvoirs de l'administration et de la police, les restrictions apportées à la libre activité de la justice, de la presse, des institutions locales, ont forcément diminué le faible contrôle de la société, clos les lèvres des bouches encore ouvertes, et encouragé sans le vouloir l'audace des spéculateurs et la cupidité des exactions bureaucratiques en leur assurant l'impunité avec le silence. Dans une pareille lutte avec la révolution, ce qu'on demande avant tout aux fonctionnaires, c'est moins de la probité que de la vigueur. En face des coups dirigés contre l'autocratie par les complots nihilistes, toute attaque contre les hommes en place, toute révolte contre la rapacité de ses agents risque d'être considérée par le pouvoir comme une rébellion et punie comme un acte de trahison ou de forfaiture. La vénalité a pu ainsi librement fleurir à couvert des mesures de salut public, édictées en faveur de l'autorité et des fonctionnaires. Un des caractères de la corruption russe, c'est qu'elle n'a de limites ni en haut ni en bas. Il n'est si mince employé qui me se permette des profits illicites, il n'est si haut personnage qui ne daigne au besoin en grossir son revenu. Le rouble peut ouvrir les portes des palais impériaux comme les bureaux des derniers employés de province. Les grands-ducs, placés à la tête de l'armée ou de la marine, n'inspirent guère plus de confiance à l'opinion que de vulgaires tchinovniks. L'intégrité et le désintéressement sont presque toujours regardés comme une exception dont on est porté à douter. Ni le rang ni la naissance ne mettent au-dessus du soupçon ; l'entourage même du souverain n'en est pas toujours à l'abri.

A la corruption bureaucratique s'ajoute, en effet, dans les hautes sphères du pouvoir, ce que l'on pourrait appeler la corruption de la cour. La Russie n'est pas, sous ce rapport, sans ressemblance avec la France monarchique des XVIIe et XVIIIe siècles. Au-dessous des rouages officiels, il y a dans Pétersbourg, comme autrefois à Versailles, les ressorts secrets ou cachés, qui sont les plus dispendieux comme les plus puissants. A la cour et dans les ministères, les favoris et les favorites ont fréquemment un crédit dont l'emploi est loin d'être toujours gratuit. Les femmes, les liens illicites ou les liaisons galantes jouent souvent encore un grand rôle dans ce gouvernement d'ancien régime. Honnêtes ou non, les femmes savent parfois acquérir un ascendant considérable dans ce pays, sur lequel leur sexe a si longtemps régné, et cela d'autant plus aisément que la femme russe est plus intelligente, plus cultivée, plus séduisante et que, dans les hautes classes, elle est

32

d'ordinaire moins embarrassée de religion, de scrupules ou de préjugés. De tous les états contemporains, la Russie est peut-être le seul où la chronique scandaleuse conserve encore un véritable intérêt pour l'historien. A la fin du règne d'Alexandre II, par exemple, comme à Versailles dans les dernières années de Louis XV, toute la cour était divisée en deux camps : les partisans et les adversaires de la favorite impériale, et les premiers n'étaient ni les moins nombreux ni les moins puissants. C'est là, on le sent, un sujet délicat que nous n'abordons qu'avec répugnance et sur lequel il nous déplairait d'appuyer. On comprend de reste, sans que nous ayons besoin d'insister, combien de telles mœurs sont propices à la vénalité et aux abus de toute sorte.

Avec de pareilles influences, alors que de semblables exemples ne restaient pas sans imitateurs à la cour et dans le haut personnel administratif, on imagine ce que pouvait être parfois la distribution des places et des pensions. A Saint-Pétersbourg, de même encore qu'à Versailles avant la révolution, les pensions, les faveurs, les grâces de toute sorte sont toujours fort en honneur et, comme jadis dans la noblesse française, presque personne n'est assez fier pour avoir honte d'en recevoir sa part. Outre les pensions en argent, forcément limitées par la pénurie du trésor, qu'elles contribuent à obérer, la cour russe a gardé jusqu'à Alexandre III, comme sous les vieux tsars, la précieuse ressource des *arendes* et des distributions de terre. A tel haut fonctionnaire qui se retire du service ou que l'on veut gratifier d'une récompense, on donne, pour sa vie durant ou à perpétuité, au lieu d'une pension, une certaine étendue de terre prise sur les immenses biens de la couronne. Les domaines de l'état, accrus en Pologne et dans les provinces occidentales de propriétés confisquées, sont une mine abondante où, sous Alexandre II, comme autrefois sous Catherine II, la faveur a puisé à pleines mains. De 1871 à 1881, on calcule qu'on a ainsi distribué aux principaux fonctionnaires et à leurs créatures un demi-million de désiatines, soit une moyenne annuelle de 55,000 hectares attribués au tchinovnisme de la capitale, et cela, d'ordinaire, non point dans des régions désertes, non dans les inaccessibles forêts du nord-est, mais dans les plus fertiles contrées de la Pologne, du Caucase, de l'Oural. Dans les derniers mois de l'empereur Alexandre II, au plus fort de la lutte contre le nihilisme, ces allocations immobilières ont été si considérables, sur les terres des Bachkirs notamment, qu'à Pétersbourg et à Moscou les railleurs disaient que le vaste gouvernement d'Oufa s'était subitement perdu. Ce gaspillage, ou mieux, ce pillage du domaine public restera une des taches du règne de l'émancipateur des serfs.

Les *arendes* et toutes ces distributions de terres de l'état, à quelque titre que ce soit, ont pour ceux qui en bénéficient l'immense avantage que, d'ordinaire, le profit qu'ils en tirent est bien supérieur à l'importance apparente de la libéralité dont ils sont l'objet. D'habitude, en effet, la valeur des terres ainsi concédées dépasse singulièrement les estimations officielles, de façon que celui qui en est gratifié reçoit en réalité infiniment plus qu'on ne semble lui donner. Une modeste rente nominale de 5,000 ou 6,000 roubles, par exemple, peut rapporter à son heureux titulaire un revenu quadruple, parfois même décuple, en certains cas, prétend-on, un revenu centuple.

Une chose explique cette anomalie ; il n'y a le plus souvent aucun rapport entre la valeur effective du sol et les évaluations officielles des domaines ainsi concédés. Tantôt le concessionnaire s'entend avec l'administration impériale pour faire officiellement avilir les biens qui lui doivent être abandonnés ; d'autres fois, l'état ne connaît pas lui-même la valeur et le rendement des terres dont il se dessaisit, ou mieux, il est incapable d'en tirer un revenu normal. Je m'étonnais une fois, en Pologne, qu'un fonctionnaire russe pût tirer annuellement 40000 ou 50000 roubles d'un domaine qui lui avait été alloué comme en rapportant 6000 seulement. « Rien de plus simple, me dit un voisin ; une terre peut donner 50000 roubles de revenu à un particulier et n'en rapporter que 6000 à l'état, et cela en dehors même de ce qui reste toujours entre les doigts des employés et des intermédiaires. »

Les ventes et aliénations des biens de la couronne donnent souvent lieu à des abus analogues. Avec des protections et du savoir-vivre, un acquéreur peut obtenir de l'état, pour quelques milliers de roubles, ce qui en vaut dix ou cinq fois plus. Un certain nombre des ventes ou des baux ainsi consentis dissimulent de véritables cadeaux accordés à des favoris. Pour couper court à de telles pratiques, on a proposé d'interdire toute aliénation des domaines de l'état et de n'en autoriser la location que sur enchères publiques ; mais avec les mœurs actuelles, les intéressés sauraient peut-être encore découvrir un biais pour déjouer pareilles précautions. Les rapines administratives ont plus d'une fois attiré l'attention et les colères du gouvernement sans que jamais il ait su mettre à leurs débordements une digue effective. En 1880 et 1881, sous le ministère du général

Loris-Mélikof, on a procédé dans différents centres provinciaux, à Kazan et à Kief notamment, à une enquête administrative confiée à quatre sénateurs d'une intégrité reconnue, car il est encore des hommes qui savent se préserver de la contagion générale. Cette révision sénatoriale, à laquelle le gouvernement semble s'être repenti d'avoir donné tant de publicité, a révélé des désordres que n'osait même pas soupçonner la défiance publique. Durant quelques semaines, la presse a pu librement stigmatiser l'arbitraire, l'avidité, parfois même la cruauté de quelques pachas de province. L'urgence d'une refonte de l'administration est devenue plus évidente que jamais, et en novembre 1881, Alexandre III a chargé une commission de hauts fonctionnaires d'en formuler les règles. En attendant cette lente et problématique réforme, plus malaisée à mettre en pratique qu'à inscrire dans les lois, les investigations des commissaires sénatoriaux ont mis à nu des plaies secrètes que le gouvernement ne sait comment guérir. La destitution ou la mise en jugement de quelques-uns des fonctionnaires les plus compromis a été le seul fruit immédiat de cette consciencieuse enquête, et le tardif châtiment de quelques coupables a moins rassuré l'opinion que leur criminelle audace et leur longue impunité ne l'ont inquiétée.

L'empereur Alexandre III s'est, en montant sur le trône, donné pour première tâche de déraciner les abus administratifs dont son père ni son grand-père n'avaient su purger le sol de l'empire. Si l'on pouvait juger du succès, en pareille matière, par la loyauté des intentions et la droiture du caractère, jamais souverain n'eût été mieux préparé à semblable besogne. De tout temps ennemi des abus et des hommes corrompus, profondément honnête et ne pouvant tolérer la malhonnêteté autour de lui, peu accessible aux séductions féminines, si puissantes sur son père, joignant, à l'inverse de ce dernier, les vertus de l'homme privé aux nobles aspirations du prince, incapable de toute faiblesse et de toute basse compromission pour des favoris ou des favorites, scrupuleusement économe des deniers de l'état et tout plein de la sainteté de sa mission, Alexandre III semble, personnellement, plus capable qu'aucun de ses prédécesseurs de délivrer l'empire du hideux cancer qui le ronge ; mais, quand il devrait longtemps échapper aux bombes et aux mines des « nihilistes, » que peut un homme, si résolu et si puissant qu'il soit, dans un état de plus de 20 millions de kilomètres carrés ? Un pareil empire n'est pas de ces domaines où l'œil du maître peut tout voir et suffire à tout. Quelle que soit son énergie, le souverain est condamné à l'impuissance ; après quelques efforts, faits d'ordinaire avec une ardeur et une ingénuité de novice, le plus confiant finit presque fatalement par se décourager, par se fatiguer, et se résigner au mal qu'il ne saurait empêcher. Le souverain, en effet, ne peut gouverner, ne peut administrer surtout, que par les mains et les yeux d'autrui, et l'administration centrale, la cour et le haut tchinovnisme sont précisément les plus intéressés au maintien des abus et des anciennes pratiques. Déjà, s'il faut en croire la voix publique, les spéculations et les prévarications, l'agiotage et les tripotages ont recommencé silencieusement autour et à l'insu de l'honnête Alexandre III.

En prenant possession du ministère de l'intérieur, le général Ignatief avait fait, au nom de l'administration impériale, une sorte de confession officielle. Le ministre rejetait solennellement une bonne part de la responsabilité des attentats qui ont troublé la Russie, sur la négligence de la plupart des fonctionnaires, sur leur indifférence au bien de l'état, sur leur improbité. Rappelant à leur devoir tous les serviteurs du tsar, le comte Ignatief promettait, au nom d'Alexandre III, de poursuivre toutes les malversations, d'extirper partout la corruption et de châtier d'une manière exemplaire les coupables. Malgré certains actes de louable sévérité, on ne saurait dire que ce programme du nouveau règne ait encore été rempli, on ne voit même guère comment il pourrait l'être tant que durera le régime en vigueur. Le gouvernement, en effet, n'a d'autre instrument que son administration, et, ainsi que nous le disions plus haut, toutes les mesures de défense et de protection, prises en faveur de l'autorité et de ses agents, tournent d'une manière inévitable au profit des abus administratifs, ainsi protégés officiellement contre toutes les attaques et les poursuites du public.

Une des choses qui m'ont toujours le plus frappé en Russie, c'est le peu d'ascendant moral de l'administration et des fonctionnaires. Les vices de la bureaucratie russe expliquent ce phénomène, inattendu en un pareil pays. Le Russe, le *moujik* ou le citadin, si longtemps victime d'abus séculaires, croit toujours que, dans la sainte Russie, l'or est une clé qui ouvre toutes les portes. Des agents du pouvoir et des instruments de la loi, la méfiance populaire s'élève jusqu'à la loi même. De là, chez un peuple en général si respectueux de l'autorité, le peu de respect des autorités, le peu de respect des lois.

Le culte à demi religieux que les masses professent encore pour le tsar ne s'étend point à ses représentants et aux détenteurs de sa puissance. Pour ces derniers elles n'ont que de la méfiance et de la suspicion. Tandis que la loi semble faire de l'empereur le chef de l'immense armée bureaucratique, le peuple n'admet point d'ordinaire la solidarité de l'autocratie et de l'administration ; il a presque autant d'aversion pour l'une que d'amour et de vénération pour l'autre. A cet égard, le sentiment politique du moujik est analogue à son sentiment religieux. Il sépare, dans sa pensée et ses affections, le tsar des tchinovniks, comme il sépare Dieu du clergé, gardant pour le maître le respect qu'il n'a point pour ses agents. Grâce à cette distinction, la popularité de l'autocratie a persisté à travers toutes les souffrances et les déceptions du peuple, pour lequel le tchinovnisme reste seul responsable de tous ses maux.

Cette disposition du moujik et de l'artisan des villes a un inconvénient qui, à certaines heures, peut devenir un péril. La méfiance envers l'administration est telle que les masses ne croient pas toujours à sa parole, quand elle leur communique les ordres du tsar. Le moujik aime à se persuader que les fonctionnaires s'entendent pour le tromper. Le peuple est porté à douter de l'authenticité des volontés impériales telles qu'elles lui sont transmises par les voies légales ; par suite, il peut devenir quelquefois la dupe des plus grossiers imposteurs. Ainsi s'expliquent certains des phénomènes les plus curieux et les plus inquiétants de la vie russe. L'été dernier, lors du pillage des juifs du Midi, comme vingt ans plus tôt, lors de l'émancipation des serfs, on a vu le bas peuple des villes et des campagnes s'autoriser de prétendus ordres secrets du tsar pour rester sourd à la voix des représentants attitrés de l'autorité, accusant l'administration et la police d'être vendues aux juifs, de même que, sous Alexandre II, il les accusait d'être vendues aux propriétaires. Aujourd'hui comme au temps du servage, il n'y a pour le paysan, selon la remarque de G. Samarine, d'autre garant ni d'autre preuve des volontés souveraines que la force armée et le déploiement des troupes : une décharge de mousqueterie reste à ses yeux la seule confirmation et, pour ainsi dire, le seul sceau authentique des ordres impériaux. Faut-il montrer combien cette défiance invétérée envers les agents réguliers du pouvoir met d'intervalle entre le moujik et le tsar, entre le peuple et l'autocratie ? Faut-il montrer le parti que, à une heure critique, pourraient tirer de ce soupçonneux et naïf scepticisme villageois des agitateurs sans scrupules, toujours disposés à répandre dans les foules crédules des rumeurs mensongères ? De tous les peuples contemporains le peuple russe est encore le plus dévoué à son souverain ; mais son peu de foi dans l'administration le rend à certains instants capable d'émeute et de rébellion par obéissance, capable de se faire par ignorance l'aveugle instrument des pires ennemis du pouvoir qu'il vénère.

III

Quel est le moyen de rendre au peuple confiance dans l'administration et dans les représentants attitrés du pouvoir ? Quel est le moyen de lutter contre les abus, de refréner l'arbitraire et de déraciner la vénalité ? Il n'y en a qu'un, c'est de ne plus mettre toute sa foi dans la bureaucratie et la police, c'est de compter moins sur le tchinovnisme et davantage sur le pays, c'est en un mot d'obtenir le concours actif de la société. En dehors de là, Alexandre III, tout comme ses prédécesseurs, restera impuissant contre les abus administratifs ; la bureaucratie, véritable souveraine de l'empire, continuera à gouverner à son profit, au détriment du trône et du pays.

Alexandre II, dans ses années les mieux inspirées, a, il est vrai, essayé sans succès de ce remède nouveau. Il a créé des assemblées provinciales (*zemstvos*), il a donné de libres municipalités aux villes et aux communes, il a tenté d'implanter dans le vieux sol moscovite le *self-government* local ; mais tout cela, il l'a fait malheureusement, comme il faisait toutes choses, d'une manière incomplète, sans esprit de suite, sans continuité de volonté ou d'énergie, s'effrayant de ses propres œuvres et les laissant mutiler ou annuler dans la pratique par les mains qui en avaient la garde. Puis, en créant les assemblées provinciales et les conseils municipaux, Alexandre II les avait jetés au milieu de l'ancienne organisation administrative et de l'ancienne hiérarchie, sans modifier les fonctions et les droits des tchinovniks qui possédaient seuls l'autorité effective et gardaient seuls la responsabilité. En faisant appel au *self-government*, il avait laissé presque intact le vieux régime bureaucratique sans vouloir s'avouer leur incompatibilité. Des deux forces ainsi mises en présence, il fallait que l'une se subordonnât l'autre, et, au rebours des premières espérances, c'est le tchinovnisme qui a tenu les assemblées électives sous sa dépendance.

Le pouvoir, depuis la création des *zemstvos*, semble n'avoir eu qu'un souci, les enfermer dans l'étroite enceinte des affaires locales et les y assujettir à l'autorité de ses gouverneurs. Aussi ne saurait-il être surpris s'il n'a trouvé dans les nouvelles assemblées ni une barrière contre les abus administratifs ni un appui contre les entreprises révolutionnaires.

Quand, avec une inconséquence expliquée par le trouble de ses conseillers et la terreur des conspirations, l'empereur Alexandre II, dans l'effarement de la crise nihiliste, fit un solennel appel au concours du pays et des différentes classes de la nation, la plupart des *zemstvos* ne répondirent que par de banales et stériles protestations de dévouement. Deux ou trois assemblées seulement osèrent indiquer discrètement les réformes qui pouvaient aider à triompher de l'esprit de rébellion. Le *zemstvo* de Kharkof eut seul la courageuse franchise de répondre que, la loi interdisant aux *zemstvos* toute discussion sur les affaires générales, ils ne pourraient offrir leur appui au gouvernement, dans la lutte contre la révolution, que si leurs attributions étaient légalement étendues.

En dépit de leurs déceptions, les *zemstvos* ont longtemps gardé l'espoir que tôt ou tard les circonstances contraindraient le gouvernement à réclamer leur concours. Plusieurs fois déjà, au milieu de la guerre de Bulgarie, lors des irritantes défaites de Plevna, — entre le traité de San-Stefano et le traité de Berlin, lorsqu'on redoutait un conflit avec l'Angleterre, — durant la crise nihiliste, lorsque, avec le général Loris Melikof, Alexandre II semblait enclin à revenir à une politique libérale, — depuis la mort de ce prince enfin et l'avènement d'Alexandre III, on s'est flatté à plusieurs reprises de voir le souverain, désireux de se mettre ostensiblement en communication directe avec ses peuples, s'adresser sous une forme ou sous une autre aux *zemstvos*, leur demander pour telle ou telle mesure une sorte de ratification ou de consécration nationale.

Pour obtenir une représentation du peuple russe, il n'y aurait guère, en effet, qu'à réunir une délégation des divers états provinciaux. En de graves conjonctures, en cas de guerre malheureuse, par exemple, ou en cas de minorité turbulente et de régence contestée, le gouvernement pourrait, sans charte ni constitution, sans élections même, improviser une assemblée de mandataires du pays. Il suffirait à la rigueur de convoquer à Saint-Pétersbourg ou à Moscou les commissions de permanence des *zemstvos* des diverses provinces. Depuis la guerre de Bulgarie, j'ai rencontré plus d'un Russe qui se flattait de voir ainsi sa patrie mise indirectement en possession d'une sorte de représentation nationale. Il faudrait un péril imminent pour décider le pouvoir autocratique à transformer de cette façon les états provinciaux en états généraux, le *zemstvo* en *zemskii sobor*. Cette expérience, qui répugnait manifestement à Alexandre II, semble n'être pas davantage du goût d'Alexandre III. Au lieu de convoquer des délégués des *zemstvos* plus ou moins en droit de se targuer d'être les représentants du pays, le gouvernement impérial préfère réunir de temps en temps, dans l'une de ses nombreuses et inoffensives commissions législatives, quelques membres isolés des états provinciaux ou des municipalités, pris à son choix dans les diverses assemblées locales et hors d'état de se considérer comme représentants de la nation. C'est ce dont Alexandre II avait déjà donné quelquefois l'exemple. C'est ce qu'il semble avoir été près de tenter, sur une plus grande échelle et pour des questions plus brûlantes, au printemps de 1881, au moment même où il allait succomber sous les coups répétés des révolutionnaires. C'est ce qu'Alexandre III a déjà exécuté plusieurs fois, notamment dans l'automne de 1881, et ce qu'on espérait lui voir désormais ériger en pratique de gouvernement.

En septembre dernier, Alexandre III a, en effet, réuni à Saint-Pétersbourg une commission de trente-deux personnes, pour la plupart membres des zemstvos ou des municipalités, avec mission d'étudier deux questions bien souvent débattues en Russie et naturellement aussi étrangères à la politique l'une que l'autre : la question des cabarets et, de la vente de L'alcool et celle des migrations de paysans. Les membres de cette commission, officiellement désignes sous le titre modeste d'*experts (svêdouchtchye lioudi)* comptaient parmi eux des maréchaux de la noblesse et des présidents des délégations provinciales, à côté desquels on remarquait un paysan, simple ancien de bailliage. Ce qui distinguait cette commission de tout ce qu'on avait vu jusqu'alors, c'est qu'elle était uniquement composée de représentants de la société, que le tchinovnisme en était entièrement absent et qu'elle dirigeait ses délibérations en dehors de l'intervention de tout fonctionnaire. Ce qui était nouveau aussi, c'est que, au lieu d'être condamnées à l'obscurité du huis-clos, ses discussions pouvaient être librement reproduites dans les journaux. Pendant des semaines, la presse russe a été remplie des dissertations des divers orateurs sur les débits d'eau-de-vie et les meilleurs moyens de mettre un frein à l'ivrognerie. Durant des semaines, la Russie a eu de cette façon l'illusion d'une sorte de parlement au petit pied, mais d'un parlement dont les débats et la compétence ne dépassaient guère les murs du cabaret, bien que la fin tragique d'Alexandre II semblât mettre à l'ordre du jour d'autres problèmes que ceux discutés dans les sociétés de tempérance. Les sujets du tsar sont, en général, modestes dans leurs vœux ; il n'en a pas fallu davantage pour en satisfaire un grand nombre et ranimer parmi eux d'anciennes espérances.

Si borné que nous en paraisse le domaine, l'inauguration de pareilles assemblées est un manifeste progrès pour l'empire autocratique. Il faut se garder cependant d'en grossir l'importance. A part la nature restreinte des objets soumis à leurs études, à part le manque de sanction de leurs délibérations, de semblables commissions ont le défaut de ne pas être réellement un corps représentatif. Ces conférences d'experts auraient une toute autre valeur si leurs membres, au lieu d'être choisis arbitrairement par le gouvernement, étaient désignés par les *zemstvos*, comme ces derniers en ont eux-mêmes exprimé récemment le désir. Il est vrai que, d'après les théories néo-slavophiles aujourd'hui en vogue, ce mode de désignation par le pouvoir d'hommes choisis parmi les représentants de la nation est plus conforme au caractère national et à la tradition slave : c'est une manière de réaliser l'union tant vantée du tsar et du peuple. A en croire même certaines spéculations, c'est de cette façon, par le choix du tsar et non par élection directe, que devrait être composé le *zemskii sobor*, la représentation légitime de la nation, le jour où il plairait au souverain de consulter ses sujets.

Quoi qu'il en soit, quand, le gouvernement persisterait dans cette pratique nouvelle, quand selon la promesse du général Ignatief à la conférence d'experts de l'automne dernier, les questions vitales seraient dorénavant toutes résolues, avec le concours « d'hommes du pays, » de pareilles assemblées, aussi souvent réunies et aussi libres qu'on les suppose, ne seraient jamais que des commissions consultatives, et, dans toutes les questions traitées par elles, le dernier mot resterait comme par le passé à l'administration et au tchninovnisme. Aussi, indépendamment même de leur composition et de l'absence d'élection, ne saurait-on voir dans ces conférences une sorte de parlement embryonnaire et comme la menue monnaie de chambres législatives. Le principal avantage de ces réunions, c'est que si elle ne sont pas systématiquement épurées, elles peuvent permettre à la voix de ses sujets de monter de temps en temps aux oreilles du tsar autocrate.

Au moment où la conférence d'experts de 1881 terminait ses séances, l'empereur Alexandre II instituait en novembre dernier une autre commission chargée d'une besogne bien autrement vaste et difficile, la réforme de l'administration. A l'inverse de la conférence sur les boissons et les cabarets, cette nouvelle commission était uniquement composée de fonctionnaires ; les membres des états provinciaux n'y avaient accès qu'à titre de déposants. Cette commission qui doit prendre pour base l'enquête sénatoriale de 1880-1881, est chargée de proposer la révision de toutes les institutions locales de l'empire, des provinces, des districts, des municipalités urbaines, des communes rurales. C'est un remaniement général de toute l'œuvre de son père que semble se proposer Alexandre III. Dans cette vaste réorganisation administrative les *zemstvos* doivent naturellement tenir la première place. Le gouvernement en devra de nouveau définir la compétence ; en précisant les attributions respectives des représentants des intérêts locaux et des délégués du pouvoir central. Ce que l'opinion réclame pour les *zemstvos*, ce que plusieurs d'entre eux ont timidement demandé depuis deux ans, ce sont moins des facultés nouvelles que la restauration des droits et des libertés qui, après leur avoir été reconnus par les lois, leur ont été enlevés ou contestés par la bureaucratie. Tout montre combien le gouvernement impérial a eu tort de tenir en suspicion les états provinciaux. Ce n'est pas de ce côté qu'est pour lui le danger. La bureaucratie, le tchinovnisme et la centralisation ont seuls à redouter le développement de pareilles institutions. Les défiances du pouvoir vis-à-vis des corps élus, vis-à-vis des assemblées provinciales ou municipales, paraissent enfantines et chimériques ; ce ne sont point les *zemstvos*, ce ne sont pas les assemblées électives des provinces ou des villes qui serviront d'organe ou d'instruments à la révolution. Sous ce rapport, l'attitude des corps élus est constamment demeurée irréprochable. Loin de se complaire à une opposition systématique ou à des taquineries déplacées, loin de provoquer des conflits d'aucune sorte, les états provinciaux, comme les municipalités, n'ont cessé de montrer vis-à-vis de l'administration et des fonctionnaires une prudence, une circonspection, une retenue singulière. S'il y a eu excès, l'excès a été plutôt dans le sens de la soumission, de la docilité, de l'obséquiosité. En aucun pays, à aucune époque, des assemblées élues ne se sont aussi généralement, aussi patiemment appliquées à ne point porter ombrage au pouvoir et à ses agents. Par là ces nouvelles institutions n'ont cessé de mériter la confiance du souverain. Si l'esprit révolutionnaire a fait en Russie d'incontestables ravages, ce n'est point dans les assemblées électives qu'il a son siège et qu'il se propage ; c'est dans des réunions d'hommes sans mandat, dans des sociétés secrètes, dans des conciliabules occultes qui, sur les jeunes têtes et les imaginations exaltées, ont d'autant plus de prestige que les assemblées régulièrement élues ont moins d'autorité. En Russie, plus que partout ailleurs peut-être, la meilleure arme contre l'esprit révolutionnaire serait l'esprit libéral. Veut-on dégoûter la jeunesse et les âmes honnêtes des trames ténébreuses et des agitations souterraines, que l'on permette aux hommes épris du bien public de s'y consacrer au grand jour sans crainte et sans entrave.

Pour l'empire du Nord, les libertés provinciales sont aujourd'hui un besoin physique autant qu'un besoin moral, une nécessité économique non moins qu'une convenance politique. Si la centralisation a créé l'état russe, la décentralisation et le *self-government* local peuvent seuls le faire vivre, le développer matériellement et moralement, lui permettre de faire valoir ses ressources naturelles, de porter sa richesse et sa civilisation au niveau de sa grandeur territoriale. Les dimensions même de l'état, la variété des populations qui y sont renfermées, les différences du sol et du mode de tenure de la terre, y rendent le règne de la bureaucratie centraliste plus intolérable et plus stérile que dans des états moins étendus, à population plus dense et plus également répartie. Dans un pareil empire, il est souvent malaisé de légiférer à la fois pour toutes les provinces, impossible de leur appliquera toutes les mêmes règles ; quelle que soit la complexité de ses lois et règlements, le pouvoir central ne saurait prévoir toutes les exceptions et se conformer partout aux besoins locaux. Au lieu de surcharger le code de l'empire d'innombrables dispositions et distinctions, souvent mal appropriées aux localités et aux faits, le législateur devrait laisser une certaine latitude aux autorités locales, et sous peine de favoriser l'arbitraire, cela ne peut être fait qu'au moyen de représentants de la société, au moyen des assemblées électives.

De la Baltique à la Caspienne, presque tout le monde le sent aujourd'hui. La centralisation bureaucratique, qui, durant deux siècles, a présidé à l'éducation européenne de la Russie, est presque universellement rendue responsable de la lente croissance et des faibles progrès de son élève. Comme un précepteur qui prétendrait s'imposer éternellement à un jeune homme et le maintenir en dépit des années sous son étroite tutelle, le tchinovnisme excite la haine et les révoltes du pupille qu'il prétend gouverner comme un enfant, sans plus rien avoir à lui apprendre. Pour la plupart des Russes la bureaucratie est l'ennemie. Ils n'ont qu'un désir, s'émanciper de son joug. Selon une métaphore scientifique, devenue chez eux un axiome banal, il faut substituer à l'impulsion mécanique du tchinovnisme l'action organique du pays. Vis-à-vis de la bureaucratie, les deux partis, ou les deux tendances, qui se disputent la Russie sont par extraordinaire unanimes. Saint-Pétersbourg et Moscou semblent là-dessus d'accord. Libéraux à l'occidentale, ambitieux de voir entrer leur patrie dans la carrière des libertés constitutionnelles, et néo-slavophiles, prôneurs convaincus du régime autocratique, s'entendent au profit du *self-government* local. Les premiers y voient la meilleure préparation à la difficile épreuve des libertés politiques ; les derniers y découvrent l'équivalent et comme la rançon de ces périlleuses libertés qu'ils repoussent pour leur pays. Au lieu d'être, comme trop souvent, tiraillée en sens opposé par deux forces contraires, la Russie et son gouvernement sont ainsi poussés dans la même voie par les deux esprits rivaux qui se partagent la direction de l'opinion. En cédant à cette double impulsion le gouvernement est sûr de céder au vœu général de la nation.

Rien de plus curieux, à cet égard, que l'attitude des conservateurs nationaux de Moscou. Ce sont peut-être les plus décidés contre la bureaucratie, les plus ardents en faveur des zemstvos et du *self-government* provincial. Autant ils professent d'aversion et de dédain pour les fallacieuses et stériles libertés politiques de l'Occident, autant ils affectent de zèle pour les humbles et fécondes libertés locales. A leurs yeux, là est l'avenir de la Russie et l'idéal russe. C'est par là que peut être conciliée l'apparente antinomie de la liberté du peuple et de l'autocratie tsarienne. Pour réaliser leur dogme favori de l'union et, pour ainsi dire, de la communion du souverain et du peuple, il n'y a qu'à faire disparaître le bureaucrate qui se place entre le trône et le pays, qui les empêche de se voir et de se sentir qui les rend étrangers l'un à l'autre. S'ils réclament le *self-government* local, ce n'est point par défiance du pouvoir, comme une concession ou une diminution de l'autorité impériale, c'est par amour pour l'autocratie, pour la fortifier en la débarrassant de ce qui la souille et la compromet, en la délivrant d'une ingrate besogne et de vulgaires soucis, en la ramenant dans son domaine naturel, la sphère des intérêts généraux, pour laisser aux populations, aux provinces, aux villes, aux communes le soin des intérêts locaux.

Le pays (*zemlia*) s'administrant lui-même sur place (*mèstno*) avec un tsar autocrate à sa tête, telle est la formule de l'école, aujourd'hui plus puissante que jamais, qui prétend personnifier les traditions et les aspirations nationales. Pour elle, les libertés provinciales et communales, loin d'être un empiétement sur l'autocratie, peuvent seules la consolider et la faire durer.

Je ne chercherai pas ici ce qu'il peut y avoir d'inexpérience et d'illusion dans cette théorie moscovite. Une chose certaine, c'est qu'elle a des partisans sincères, intelligents, zélés, et dans l'intérêt du pays comme du souverain, il est désirable qu'elle soit une bonne fois mise à l'épreuve des faits. Si chimérique que nous puisse sembler une pareille combinaison, de liberté et d'absolutisme, c'est la dernière chance de l'aristocratie, l'unique moyen de prolonger son existence, en s'accommodant aux besoins du pays.

Les incertitudes, les lenteurs du pouvoir sont pour lui plus redoutables que les conjurations de ses ennemis. Il lui faut à tout prix sortir de la crise actuelle, et, pour en sortir, il doit porter la main simultanément au faîte et à la base de l'administration impériale. En dehors de réformes, atteignant en haut les organes supérieurs du gouvernement pour y mettre au moins de l'ordre et de l'unité et renouvelant en bas les ressorts usés de l'administration bureaucratique pour leur substituer l'initiative locale et le contrôle de la société, il ne reste aux Romanof que deux alternatives : — le maintien plus ou moins déguisé, plus ou moins honteux d'un *statu quo* énervant, universellement décrié, manifestement condamné, qui mine sourdement l'état et la dynastie et qui finirait par rendre inévitable ce qui, hier encore, semblait le moins vraisemblable, une révolution ; — ou bien une grande diversion extérieure pour laquelle la

Russie n'est prête ni diplomatiquement, ni financièrement, ni militairement, une héroïque aventure au bout de laquelle l'empire pourrait rencontrer le démembrement, sans peut-être échapper à la révolution ou à une période de confusion et d'anarchie analogue aux grands troubles du XVIe siècle.

Deuxième Partie[2]

Chapitre 1

L'avènement d'Alexandre III et ses premiers rapports avec la République française (1881-1889)

I

Alexandre II avait péri assassiné le 13 mars 1881. Le même jour, dans le désarroi fait de stupeur et d'indignation, qui suivit ce trépas foudroyant, son fils, le grand-duc héritier, prenait possession de la couronne sous le nom d'Alexandre III. Devenu tsarévitch en 1865, après la mort prématurée de son frère aîné dont, l'année suivante, il avait épousé la fiancée, la princesse Dagmar, fille cadette de Christian IX, roi de Danemark, le nouvel empereur était âgé de trente-six ans. Dans le peuple, on admirait sa haute taille qui rappelait celle de son aïeul Nicolas Ier et sa force herculéenne dont parfois il ne lui déplaisait pas de donner des preuves ; mais dans la partie pensante de la nation, on attachait plus de prix à ses qualités morales ; sa bienveillance envers les humbles, son caractère pacifique, sa droiture et jusqu'à sa timidité révélatrice de sa modestie. Avant qu'il ne régnât, on se plaisait à saluer en lui le continuateur de la politique libérale vers laquelle on voyait s'orienter de

---

2 Par Ernest Daudet.

plus en plus l'empereur régnant. Il s'y était toujours associé et on ne doutait pas qu'en montant sur le trône, il y persévérerait. Il n'apparaît pas qu'entre le père et le fils le même accord existât en ce qui touchait la politique extérieure du gouvernement impérial, telle qu'en dépit de difficultés incessantes n'avait cessé de la pratiquer Alexandre II. Celui-ci avait toujours eu à cœur de cultiver l'amitié traditionnelle de la Russie pour la Prusse, cimentée par l'alliance matrimoniale qui, jadis, dans la personne de Nicolas Ier, avait uni les Romanoff aux Hohenzollern. Les circonstances ne sont pas rares, — tel par exemple le dénouement de la guerre de 1871, — où cette affection de la cour d'Alexandre II pour celle de Guillaume Ier s'était manifestée avec éclat. Elle avait même survécu aux déceptions infligées à la Russie au Congrès de Berlin par la coalition de l'Allemagne, de l'Autriche et de l'Angleterre. Les relations entre les gouvernements s'étaient refroidies ; entre les familles souveraines, elles s'étaient maintenues aussi chaleureuses et aussi cordiales que par le passé.

En serait-il de même sous le règne d'Alexandre III ? Quand il n'était encore que grand-duc héritier, on aimait à en douter dans les milieux où l'on souhaitait que la Russie se libérât des influences allemandes. Gendre d'un souverain spolié par la Prusse, passionnément attaché à la princesse danoise dont il était l'époux, il ne pouvait éprouver pour l'Allemagne les mêmes sentiments que son père et bien que sa mère appartint à la maison de Hesse-Darmstadt, c'est bien plus à celle de Danemark qu'allaient ses sympathies et ses préférences. Quoique tenu à beaucoup de discrétion et de réserve, son peu de goût pour les Allemands se trahissait à l'occasion dans ses paroles et comme malgré lui, surtout lorsqu'il constatait la présence d'un trop grand nombre d'entre eux dans le fonctionnarisme et dans l'armée de son pays.

Un jour où on lui présentait les officiers d'un régiment russe, — il n'était encore que tsarévitch, — on l'avait vu s'impatienter de n'entendre prononcer pendant ce défilé que des noms de consonance tudesque et lorsqu'un nom de consonance russe avait frappé son oreille, il s'était écrié en poussant un soupir de soulagement : « Enfin ! »

C'est en se rappelant des traits de ce genre et l'approbation qu'il donnait aux réformes préparées par son père que dans son entourage intime, seul confident de ses vues personnelles, on était convaincu qu'une fois empereur, et tant au point de vue extérieur qu'au point de vue intérieur, il resterait fidèle aux opinions qu'il professait alors qu'il n'était encore que prince héritier. On prédisait qu'il marcherait résolument dans la voie libérale où s'était engagé Alexandre II et que, pour se mouvoir sur le terrain international, il s'inspirerait moins que ne l'avait fait ce souverain du désir de ne pas porter atteinte aux relations familiales qui existaient entre lui et Guillaume Ier.

Il n'est pas téméraire de supposer que si Alexandre II fut, comme on dit, mort de sa bonne mort, les espérances que les amis de la Russie fondaient sur les intentions attribuées à son successeur se seraient réalisées. Mais le forfait abominable dont il avait été la victime, les complots et les assassinats qui avaient précédé celui-ci et qui attestaient l'audace et les progrès du nihilisme n'étaient pas de nature à encourager les velléités libérales naissantes d'un souverain jeune, inexpérimenté, prompt à se laisser intimider par les attentats dirigés contre sa dynastie, et qui, dans cet instant tragique où le sang-froid, l'énergie, l'esprit de résolution, lui eussent été si nécessaires, semblait déconcerté et ne songer qu'à mettre sa femme, ses enfants et lui-même à l'abri de nouveaux crimes. Maintenant, on n'espérait plus guère qu'il réaliserait ce qu'on avait attendu de lui. Mais que ferait-il ? C'est la question qui jaillissait de toutes les lèvres. On racontait qu'aussitôt après cet assassinat, il avait enjoint au ministre de l'Intérieur Loris Melikoff de se conformer aux dernières instructions de l'Empereur défunt, ce qui prouverait que son premier mouvement avait été en faveur des réformes. Le maintien des ministres de son père qu'il savait convaincus de la nécessité pour le gouvernement impérial de marcher résolument dans cette voie fut d'abord considéré comme une preuve de son accord avec eux.

Mais elle est singulièrement fragile cette preuve, si l'on veut admettre que les résolutions qu'il était tenu de prendre ne pouvaient être prises qu'après de mûres réflexions auxquelles les circonstances ne lui permettaient pas de se livrer avec suite. Les obsèques d'Alexandre II se préparaient. D'Allemagne, d'Angleterre, d'Autriche, cours alliées, et d'ailleurs encore, arrivaient pour y assister des princes et des délégués. En vérité, il est assez difficile de préciser ce que voulut le jeune empereur durant ces journées émouvantes, au cours desquelles le cérémonial de cour tint une si grande place. Elles prirent fin au commencement d'avril et, le 8 de ce mois, on apprenait que la famille impériale s'était retirée dans son ermitage de Gatchina, où l'Empereur demeurait inaccessible, sauf pour ses conseillers et pour les grands-ducs, avec lesquels il discutait sur sa conduite future, tandis que les assassins comparaissaient devant les tribunaux, étaient condamnés et subissaient leur châtiment. La situation telle que la présentent les documents est alors singulièrement troublée. Elle révèle les hésitations de l'Empereur, littéralement tiraillé entre les vues divergentes des personnages qu'il consulte. Pour comprendre ces hésitations, il faut remonter dans le passé jusqu'au jour où, en 1866, la mort de son frère Nicolas l'a fait héritier de la couronne. Jusque-là, il s'était montré dépourvu de toute ambition si ce n'est celle de faire le bien là où l'avait placé la Providence. Depuis, sans plier sous la lourde charge tombée à l'improviste sur ses épaules, il s'est appliqué à se mettre en état de régner, mais avec la conviction que son père, qu'il vénérait, vivrait encore de longs jours et que l'heure était lointaine où lui-même hériterait du pouvoir. Il a donc été pris au dépourvu par le drame terrible qui l'a constitué chef de la dynastie et obligé à des décisions définitives. Qu'elles soient lentes et contradictoires, que ce qu'il a décidé la veille soit oublié ou démenti le lendemain, ce n'est pas pour nous surprendre si nous nous rappelons les témoignages d'irrésolution qu'il a donnés au cours de son règne. N'autorisent-ils pas à définir comme suit sa mentalité ? A la base, une conscience impeccable dont les élans se manifestent dans ses paroles comme dans ses actes, mais une inconcevable lenteur à se décider dans un sens ou dans un autre, à moins qu'il n'agisse par impulsion à la suite de tel ou tel événement par lequel il s'est laissé entraîner.

Ici, l'événement décisif c'est la mort de l'Empereur. Ame simple et sans détours, il voit dans l'attentat auquel son père a succombé un danger permanent pour sa maison. Comment le conjurera-t-il ? Est-ce en redoublant de rigueur dans l'exercice du gouvernement ? Est-ce en essayant d'instituer un régime de liberté et de tolérance ? Lorsque cette double question se pose dans son esprit et qu'il cherche à y répondre, c'est toujours vers le passé qu'il se tourne pour y puiser ses inspirations. Or, qu'y voit-il dans ce passé ? Son arrière-grand-père Alexandre Ier a doté la Pologne d'une constitution libérale, et ce bienfait n'a pas empêché la Pologne de se soulever contre son libérateur. Son père, Alexandre II, a voulu engager l'Empire dans une voie libérale, et cet essai ne l'a pas protégé contre les assassins. Si ces tentatives sont restées vaines, à quoi bon les renouveler ? Telle est la question que se pose Alexandre pendant sa réclusion volontaire à Gatchina, tandis que, dans les classes cultivées, on se demande anxieusement comment il résoudra ce problème.

Durant cette période d'attente dont les amis de la dynastie souhaitaient ardemment la fin, le général Chanzy, ambassadeur de France, écrivait à son gouvernement le 23 avril : « Un désordre complet dans les idées, un effarement général depuis l'événement du 13 mars, le parti révolutionnaire relevant la tête, malgré les châtiments des coupables, manifestant son existence et ses projets par des menaces, des proclamations, de nouvelles tentatives heureusement déjouées jusqu'ici, un grand procès sur lequel l'attention semble portée, mal dirigé, critiqué par tout le monde, ayant créé un piédestal aux assassins, n'ayant rien découvert, et dans lequel le ministère public embarrassé arrive à nier l'organisation du parti qui tient le pays sous la terreur et ses relations avec les foyers du socialisme international, l'Empereur, obligé de vivre enfermé à Gatchina pendant qu'on s'assure que les palais impériaux ne sont pas minés, cherchant des hommes parmi tous ceux que l'opinion désigne un jour pour les abandonner le lendemain, accueillant avec reconnaissance les sympathies qu'on lui prodigue à Berlin, enfin le parti allemand agissant pour avoir la prépondérance, tout cela au milieu des ardeurs inconscientes d'une presse qui n'est pas l'organe de l'opinion publique et au milieu des aspirations libérales mal définies de tous les mécontents dans ce grand pays où, avec plus ou moins de raison, chacun prétend avoir à se plaindre de l'arbitraire forcé d'une administration incomplète, vicieuse sur bien des points et dont la responsabilité remonte au souverain. »

Presque à la même date, l'ambassadeur rend compte d'un entretien qu'il a eu avec Lord Dufferin, son collègue d'Angleterre. Dufferin, dont les opinions font autorité, lui a exprimé, quant aux périls dont la dynastie impériale est menacée, des craintes analogues aux siennes. Le diplomate britannique trace de la situation de la Russie le tableau le plus sombre. Selon lui, de nouvelles catastrophes sont inévitables, peut-être même prochaines, et il ne voit pas de remède au mal.

« Cette situation est singulièrement attristante pour ceux qui aiment la Russie et voudraient sa prospérité. L'état des choses à la cour et dans le gouvernement n'est pas fait pour calmer leurs inquiétudes. Alexandre est honnête, mais faible, timoré, accessible aux influences et aux volontés plus fermes que la sienne…

« L'entourage est composé de corrompus cyniques, de courtisans abaissés, d'ambitieux sans scrupules et d'instruments dociles, au milieu desquels émergent des personnalités plus saillantes en lutte pour le pouvoir. Le public se demande quels seront parmi ces hommes ceux dont la faveur du maître fera les chefs du gouvernement. Le parti des aventures, de la guerre du panslavisme aura-t-il gain de cause avec Ignatieff ? « Reste l'armée, la ressource suprême si elle est fidèle. A-t-elle été préservée du poison nihiliste ? Généraux et officiers sont mécontents. Quant au soldat, le spectacle des vols, des concussions, des actes coupables de ses chefs les plus élevés ne l'a-t-il pas préparé à la propagande des apôtres de désordre ? « On le dit mécontent de la séquestration volontaire de l'Empereur. Le souverain absolu, le chef suprême de l'armée, le représentant de la force a besoin, pour garder son prestige, de se montrer souvent aux soldats, comme le faisaient ses pères. Depuis son avènement, Alexandre n'a pas passé une revue ; on ne l'a pas vu achevai dans l'attitude guerrière d'un monarque militaire ; il se cache dans ses palais. »

Lord Dufferin n'était pas le seul qui envisageât l'avenir sous des couleurs de tempête et d'orage ; le prince Hermann le Saxe-Weimar, venu à Saint-Pétersbourg comme envoyé du Wurtemberg pour assister aux obsèques d'Alexandre II, tenait un langage aussi pessimiste. Il avait été logé au Palais d'Hiver et, bien placé pour tout voir, il avait été frappé du désarroi, de l'absence de résolution et de vues réfléchies qui régnait à la cour.

« Pas d'énergie, pas de volonté, et autour de l'Empereur aucun homme assez sage, assez éminent pour imposer sa supériorité et faire agir. Des catastrophes sont prochaines ; on ne fera rien, on ne saura rien faire pour les conjurer. » Même jugement porté à la même date par le kronprinz Frédéric, rentré à

Berlin après avoir assisté aux obsèques impériales. Il gémissait sur l'incorrigible frivolité de la Haute société russe et du monde gouvernemental.

En comparant ces appréciations qui pourraient être multipliées aux événements plus ou moins tragiques qui se sont produits depuis, on est amené à conclure que ces prophètes ne se trompaient que sur la date des catastrophes qu'ils prédisaient ; elles se sont réalisées, mais plus tard qu'ils ne l'avaient prévu. Du reste, à l'heure où ils les annoncent, la situation varie à tout instant et se présente sous les formes les plus contradictoires. Tantôt, comme au lendemain du crime, elle semble sans remède ; c'est le moment où le procès intenté aux assassins révèle leur cynisme et toute l'étendue de leur criminelle audace. L'un d'eux avoue qu'il a été tellement impressionné par le meurtre accompli sous ses yeux que, plaçant sous son bras la bombe dont il devait se servir si les premières étaient restées sans effet, il a aidé à transporter l'Empereur mourant dans son traîneau. Tantôt ce sont des députations de paysans qui arrivent de tous côtés dans la capitale pour protester de leur dévouement à la dynastie, ce qui permet d'espérer que peu à peu le sentiment public aura raison des menées anarchistes. D'abord, on avait voulu interdire ces manifestations ; mais on a dû céder aux vœux des manifestants à qui, malheureusement, on n'accorde pas la faveur de voir l'Empereur, qu'ils sollicitent avec instance et sans succès. L'Empereur était toujours enfermé à Gatchina, d'où l'on attendait impatiemment la parole qui devait décider du sort de la Russie. C'est seulement le à mai qu'Alexandre III lançait la proclamation révélatrice de sa volonté.

61

« Dans notre profonde affection, disait-il, la voix de Dieu nous ordonne d'assumer courageusement la tâche de régner, d'espérer en la Providence divine, d'avoir foi dans la force et la vérité de l'autocratie que nous sommes appelé à affermir et à défendre pour le bien du peuple contre toute tentative dirigée contre elle. »

Ce manifeste causa dans les milieux dévoués à la dynastie la plus douloureuse surprise comme s'ils eussent compris que le régime réactionnaire ne profiterait qu'aux hommes de désordre et assurerait à leurs entreprises un théâtre plus vaste en grossissant le nombre des mécontents. Les conséquences de l'événement ne se firent pas attendre… Le 11 mai, le général Loris Melikoff, ses collègues : Abaza, le général Mitouline, le baron Nicolaï, abandonnaient le pouvoir, ne voulant pas se faire les complices d'une politique qu'ils considéraient comme fatale. Le général Ignatieff, qu'on savait favorable à celle qui triomphait, était appelé au ministère de l'Intérieur et sa nomination achevait de la rendre impopulaire. Vainement, dans une circulaire adressée aux gouverneurs des provinces, il s'efforçait d'atténuer par des artifices de langage ce que le rescrit impérial avait de trop rigoureux, il ne parvenait pas à dissimuler la pensée maîtresse dont l'Empereur s'était inspiré : « Il n'y a, disait ce ministre, qu'un autocrate fort du dévouement et de l'affection sans bornes de millions de sujets qui puisse entreprendre et mener à bonne fin une tâche aussi lourde que celle qui consiste à extirper le mal dont souffre le pays. »

Ce langage ne trouvait d'approbateurs que dans les feuilles de Moscou rédigées par Katkoff et Absakoff, organes du parti vieux-russe, auxquels dans la ville où ils résidaient, la ville sainte, le mysticisme patriotique tenait lieu de tout. En fait, l'anéantissement des expériences antérieures replongeait la Russie dans un désarroi fait de découragement et de colère. Mais cette crise d'inquiétude n'était pas destinée à se prolonger. Les jours qui vont suivre se ressentiront de la tranquillité à laquelle les mesures prises par Ignatieff pour protéger des méfaits du nihilisme le parti du repos ont ramené le pays. Peu à peu le nihilisme sera décimé par les condamnations et châtiments infligés aux conspirateurs, et à ce point réduit à l'impuissance par des rigueurs policières qu'il cessera peu à peu de donner signe de vie, comme si, après avoir prodigué ses criminels efforts sous le règne d'Alexandre II, il était incapable de les continuer longtemps sous celui d'Alexandre III. Ce règne s'écoulera dans un calme relatif mais trompeur, hélas ! puisque, dans les ténèbres où elle a été rejetée, la révolution, loin de renoncer à ses espérances, s'occupera avec autant de persévérance que de lenteur à changer de forme et à se préparer la victoire. Les révolutionnaires garderont d'abord le silence et affecteront de laisser croire qu'ils sont vaincus, alors qu'ils ne se considèrent que comme momentanément désarmés et leur inactivité répandra dans l'empire l'illusion d'un calme retrouvé. A travers ces circonstances, il apparaîtra que l'autorité impériale a eu raison des périls qui la menaçaient, qu'elle est en possession de la confiance nationale et l'Empereur aura le droit de se féliciter d'avoir résisté aux conseillers qui voulaient le faire renoncer au régime autocratique et de se dire que c'est à ce régime que sa dynastie doit son salut. Mais, ce n'est pas du jour au lendemain que ces résultats seront acquis et que les sujets d'Alexandre III se résigneront à voir indéfiniment ajournée la réalisation de leurs espérances. Le principal obstacle à leur résignation vient de l'affectation que met l'Empereur à prolonger son séjour à Gatchina. On avait espéré qu'après la proclamation du rescrit impérial maintenant le régime autocratique, il aurait à cœur de rentrer dans sa capitale. Il n'en fut rien. On eût dit qu'il redoutait de prendre contact avec son peuple, et celui-ci ne dissimulait pas son mécontentement. « Saint-Pétersbourg sans la cour est une ville morte, disait-on. L'absence de la famille impériale constitue un dommage pour le commerce, pour les industries de luxe, pour les grands restaurants et les lieux de plaisir. Tout le monde se plaint.» Mais l'Empereur restait insensible à ces plaintes ou semblait ne pas les entendre. C'est à peine s'il se laissait entrevoir hors de sa retraite. On signalait comme des événements exceptionnels les rares apparitions auxquelles il se prêtait, — telle sa présence le 22 août aux grandes manœuvres de Krasnoïé-Selo, la première fois de son avènement où il se montrait à cheval. L'Impératrice à cheval comme lui ne l'avait pas quitté et avait défilé avec leurs enfants sur le front des troupes. Le général Chanzy qui assistait à ces manœuvres porte un jugement plutôt favorable sur l'armée qui a manœuvré devant lui.

« Les soldats sont exercés, vigoureux, résistants ; les officiers capables sans être brillants, pénétrés du sentiment du devoir, les généraux sont sûrs d'être obéis.»

On doit conclure de ces propos, s'ils expriment la vérité comme on doit le supposer, qu'à l'époque où ils étaient tenus par un homme dont on ne saurait contester l'expérience et la compétence en matière militaire, l'esprit révolutionnaire n'avait pas contaminé l'armée russe ni porté atteinte à sa discipline.

Quatre jours après ces exercices, l'Empereur se déplaçait de nouveau, mais cette fois pour un plus long voyage. L'année précédente, Guillaume Ier s'était rendu sur la frontière russe, près de Varsovie, afin de saluer Alexandre II. C'est cette visite qu'Alexandre III allait lui rendre à Dantzig où l'armée allemande procédait, en présence de l'Empereur, aux grandes manœuvres d'automne. La démarche du Tsar n'avait pas d'autre but et l'entrevue rapide des deux souverains conserva le caractère purement familial qu'ils avaient tenu à lui donner, ainsi que le prouvait l'absence de leurs chanceliers. Mais, à peine de retour, Alexandre écrivait à François-Joseph : « J'ai été très heureux de revoir l'empereur Guillaume, notre vénérable ami auquel nous unissent des liens communs de cordiale affection.» Le choix de ce confident, la manière dont il lui parle du vieux souverain qu'il vient de quitter et l'accent de la lettre dans laquelle il se félicite de l'avoir revu, tout démontre qu'il avait fait litière de ses ressentiments contre l'Allemagne et contre l'Autriche et qu'à cette heure, il considérait comme une condition de salut la reconstitution de l'union des trois empereurs qui, depuis le Congrès de Berlin et la conclusion de l'alliance austro-allemande, n'existait pour ainsi dire plus.

Durant les années qui suivront, on le verra constamment animé du désir de resserrer les nœuds de cette union, mais souvent arrêté dans ses élans par les preuves de malveillance plus ou moins dissimulée qu'il devine dans l'attitude du cabinet de Berlin et dans les intrigues du cabinet de Vienne à l'égard de la Russie. De là, les nombreuses contradictions qu'on relève dans sa conduite, comme lorsqu'il entre dans l'alliance austro-allemande sans se dissimuler qu'il n'est pour celle-ci qu'un ami du second degré. Maintes fois, des conflits, qui d'ailleurs restent le plus souvent dans le domaine diplomatique, éclatent entre son gouvernement et celui de Berlin, et s'apaisent grâce aux relations affectueuses qu'il ne cesse d'entretenir avec l'empereur allemand. Ces incidents ont été trop souvent racontés et sont trop connus pour qu'il y ait lieu d'y revenir dans un récit qui ne se targue pas d'être l'histoire totale d'un règne mais simplement un recueil de notes et souvenirs, à travers lesquels on peut voir par quelles transformations successives, Alexandre III a été conduit à se détacher de l'Allemagne et à se rapprocher de la France.

Assurément, en ces derniers mois de l'année 1881 et en 1882, lorsqu'il vivait enfermé à Gatchina n'en sortant qu'accidentellement, et dirigeait de cette retraite les affaires de l'Empire, il ne prévoyait pas qu'un jour viendrait où il orienterait son pays vers de nouveaux destins et s'engagerait sur des routes aboutissant à l'alliance franco-russe. Néanmoins, on constate en lui, dès ce moment, un désir, peut-être inconscient, mais positif, de ne pas se les fermer et ce désir s'accentue plus ou moins au gré des circonstances qui l'autorisent à mettre en doute la sincérité du chancelier d'Allemagne dans ses rapports avec lui. Au reste, les questions internationales sur lesquelles un complet accord avec son puissant voisin eût été impossible tenaient trop de place dans la politique des deux empires pour que ces rapports ne fussent pas fréquemment troublés. Il s'en irritait et c'est alors qu'il s'attachait à ne rien faire qui pût porter ombrage à la France.

Dans l'apaisement qui se produisit en Russie après que ses peuples eurent pris leur parti du maintien du régime autocratique, on ne peut guère signaler que la liberté laissée à la presse de discuter les questions de politique extérieure. Pour les publicistes, elles se résumaient en une seule, celle de savoir si la Russie avait intérêt à marcher d'accord avec l'Allemagne et l'Autriche et s'il ne convenait pas qu'elle tendît la main à la France. Il était bientôt visible qu'en opposition aux idées et aux intentions de l'Empereur, un parti se formait en faveur de cette dernière solution. Il multipliait contre les Allemands les soupçons et les reproches et notamment à propos de la Pologne : « Ils y poursuivent, disait la *Novoié Wremia*, un travail patient, opiniâtre, systématique et bien allemand. On ne saurait dire qu'il est lent, attendu que de notre côté on n'y oppose aucune résistance. Les biens mis en vente par des Polonais ruinés sont achetés aussitôt par des Allemands, qui s'entourent d'intendants allemands et de jardiniers allemands ; les paysans eux-mêmes finissent par apprendre la langue allemande et par oublier la langue russe. »

Ainsi s'affirmait dans l'Empire une dualité d'opinions à laquelle il ne semble pas que l'Empereur ait tenté de mettre un terme. L'indifférence apparente avec laquelle il laissait couler ce flot permettrait de croire qu'il cherchait sa voie si, d'une part, on ne le voyait tolérer certains faits dont s'offensait l'Allemagne et, d'autre part, comme s'il eût voulu en atténuer l'effet, l'empereur Guillaume lui prodiguer les témoignages de sa confiance et de son amitié.

II

Parmi ces incidents, il faut rappeler celui qui se produisit au mois de février 1882 et dont le général Skobeleff fut le héros. Le glorieux vainqueur de la guerre turco-russe, étant venu à Paris et s'étant trouvé dans une réunion d'étudiants serbes, prononça des paroles où les journaux allemands virent une provocation. Il n'en dissimulait pas d'ailleurs le caractère. Rentré à Saint-Pétersbourg au mois de mars, il disait à M. Ternaux-Compans, chargé d'affaires de France : « J'arrive de Paris, vous ne l'ignorez pas, mon voyage a fait assez de bruit ; j'ai vu vos soldats dans leur vie de tous les jours, c'est celle où j'aime à les observer. J'ai été frappé de leurs progrès, de leur excellente tenue ; votre armée est admirable, et vous devez comprendre pourquoi je m'en réjouis. Nous avons assez longtemps supporté les rodomontades allemandes ; il est temps qu'elles cessent. Je regrette de n'avoir pu assister à vos manœuvres, mais je voudrais qu'une mission d'officiers français vînt assister aux nôtres ; je profiterais de leur présence pour élever un monument commémoratif aux soldats de la division Friant, morts en 1812, et pour faire une manifestation française.»

A mentionner encore qu'en venant de Paris à Saint-Pétersbourg, il s'était arrêté à Varsovie et avait dit aux Polonais : « Restez fidèles à la patrie russe ; si vous n'aviez pas une garnison russe, vous auriez une garnison allemande.»

Pour avoir tenu ces propos, il avait été, racontait-on, vivement réprimandé par l'Empereur ; mais il était maintenu dans son commandement et devait rester à Saint-Pétersbourg comme membre de la commission chargée d'organiser les services militaires et civils dans les territoires nouvellement conquis par la Russie en Asie centrale. Il est vrai qu'afin de justifier cette preuve de la faveur impériale, on prétendait qu'en le retenant dans la capitale, le Tsar s'était flatté de le garder plus étroitement sous sa surveillance. N'empêche que l'incident provoquait d'innombrables commentaires. Dans les hautes sphères de l'armée russe, le blâme était universel, et plusieurs généraux demandaient une répression. Mais dans les grades inférieurs, le sentiment était tout contraire. La seule critique qu'on pût relever consistait à dire que le général n'avait été qu'un peu imprudent.

A Berlin, on témoignait de moins d'indulgence. A un bal de cour, le vieux Guillaume exprimait à l'ambassadeur de France son très vif mécontentement. Ce qui venait de se passer était interprété par lui comme une preuve du relâchement de la discipline dans l'armée russe et d'un affaiblissement dans l'autorité personnelle du Tsar. Il y voyait un symptôme de la désorganisation de l'empire russe, qu'il considérait depuis si longtemps comme un allié, et il s'alarmait des dangers qui pourraient en résulter pour le maintien de l'amitié traditionnelle entre les deux empires. S'il eût cédé à son premier mouvement, il eût écrit à Alexandre pour lui exprimer ses alarmes ; mais Bismarck l'en avait dissuadé, en lui conseillant de ne donner officiellement aucune attention aux paroles de Skobeleff et de laisser le débat se poursuivre entre les journaux.

L'ambassadeur de Russie à Berlin, s'attendant à quelque observation de la Wilhelmstrasse, l'avait devancée en déclarant spontanément que c'est surtout à l'Empereur, son maître, que le général avait manqué et que, seul, l'Empereur devait lui en demander compte.

Abandonnés à eux-mêmes, les journaux allemands s'exprimèrent avec la dernière violence, et la campagne contre la Russie et la France se fût sans doute prolongée, si un ordre de la cour ne l'eût arrêtée, le 22 mars, anniversaire de la naissance de Guillaume Ier. Il avait reçu ce jour-là d'Alexandre III un télégramme qui, s'il eût conservé quelque rancune des propos agressifs de Skobeleff, était bien de nature à les lui faire oublier : « L'Impératrice et moi, disait le Tsar, nous assistons de cœur à la fête de l'anniversaire de votre jour de naissance, et nous nous associons aux témoignages d'amour et de respect qui vous sont donnés. Que Dieu daigne conserver longtemps votre glorieuse vie pour le bien de l'Allemagne et dans l'intérêt de la paix européenne et du maintien des relations amicales qui existent entre nous et nos empires. »

La réponse ne se fit pas attendre et prouve tout au moins que Guillaume Ier avait passé l'éponge sur l'incident Skobeleff : « Chacune de vos paroles a trouvé un vif écho dans mon cœur reconnaissant, et je supplie le Tout-Puissant de bénir votre gouvernement pour le salut de vos peuples et pour la consolidation de la paix en Europe. »

Ainsi plus on observe, au début du règne, l'attitude de l'Empereur et plus on voit se former en lui la volonté de tenir la balance égale entre la France et l'Allemagne, et de ne pas sortir de l'étroit chemin que s'est tracé, à égale distance des deux pays, son esprit aussi tenace qu'ennemi de l'action, désireux avant tout de conjurer la guerre. C'est à croire qu'il songe déjà à devenir l'arbitre pacifique de l'Europe et qu'il se prépare à ce rôle en pratiquant une politique de bascule et de contrepoids de laquelle on dira plus tard : « Elle est une garantie du maintien de la paix et suffit pour empêcher la France d'éprouver trop d'inquiétude lorsque, dans ce jeu intermittent, c'est l'Allemagne qui remonte. »

En adoptant cette politique, en ambitionnant d'être en Europe le gardien de la paix entre les nations et l'âme de la résistance aux entreprises révolutionnaires. Alexandre III s'inspirait des souvenirs de son aïeul Nicolas Ier, pour lequel il professait une ardente admiration. Mais, tandis que celui-ci se faisait aider dans sa tâche par le comte de Nesselrode, l'ancien chancelier d'Alexandre Ier qu'il avait maintenu dans ses fonctions en lui conservant son litre, et tandis qu'Alexandre II avait appelé le prince Gortchakof à remplir auprès de lui le même rôle, Alexandre III avait résolu de ne pas faire place dans son entourage à une personnalité aussi importante que ces deux serviteurs, dont l'un, Nesselrode, était mort, et dont l'autre, Gortchakof, était condamné à la retraite par l'âge et par l'état de sa santé.

Déjà, dans les derniers mois du règne d'Alexandre II, on s'attendait à voir le chancelier offrir spontanément sa démission. Mais il n'y semblait pas disposé. Après avoir pris pendant trente ans la plus active part à la direction de la politique internationale russe, sous l'autorité d'un souverain dont il possédait la confiance et qui lui laissait volontiers la bride sur le cou, il semblait ne pas comprendre que sa retraite était désirée. Ce qui lui faisait illusion à cet égard, c'est qu'il s'était donné un assistant dans la personne d'un diplomate de haut mérite qui, accomplissant la plus grande partie de sa tâche, lui laissait croire que, malgré sa vieillesse, il était encore en état d'y pourvoir. Entré au ministère des Affaires étrangères en 1838, de Giers avait été tour à tour secrétaire d'ambassade à Constantinople, consul général à Alexandrie, puis à Bucarest, où il avait épousé une princesse Cantacuzène, et enfin chef de légation à Téhéran, à Berne, à Stockholm, d'où le vieux chancelier qui connaissait ses services l'avait fait revenir à Saint-Pétersbourg pour s'assurer sa collaboration. De Giers ne tarda pas à être le véritable ministre des Affaires étrangères. Mais il ne recueillit officiellement qu'au mois d'avril 1882 la succession de Gortchakof, sauf cependant le titre de chancelier qui, quoique désormais aboli, fut laissé à l'homme d'Etat démissionnaire en souvenir de sa carrière consacrée au gouvernement du pays.

Quant à de Giers, le choix impérial, en se portant sur lui, avait mis à la chancellerie un homme dont la sympathie pour la France devait s'affirmer à plusieurs reprises durant son long passage au pouvoir. Le bruit n'en courut pas moins que l'Empereur, en le choisissant, avait voulu plaire aux Allemands. Mais rien n'est plus contraire à la vérité, et si sa nomination fut bien accueillie à Berlin et à Vienne, c'est que dans ces deux capitales, on connaissait sa modération et sa droiture. Le ministre autrichien Kalnocky disait à l'ambassadeur de France, comte Duchatel : « Ce n'est pas qu'il dispose d'une influence personnelle qui puisse s'étendre à l'ensemble des affaires de la Russie ; mais, dans les limites de son département, il entend rester le maître. Placé sous la haute direction de l'Empereur, n'ayant de compte à rendre qu'à lui, il saura dans la conduite des affaires extérieures tenir la même ligne prudente et modérée. Déjà, il était disposé à fermer la porte aux Ignatieff et autres membres du parti national. Le nouveau témoignage de confiance dont il vient d'être honoré par le Tsar lui donnera plus de force pour résister à de dangereuses sollicitations. Sa nomination est une garantie de plus pour la consolidation de la paix. »

Cet horoscope devait se réaliser de point en point et la France, — il est utile de le rappeler, — se convaincre bientôt qu'elle n'avait rien perdu à la retraite du prince Gortchakof, lequel cependant, en des circonstances critiques, s'était conduit envers elle comme un ami dévoué et fidèle. C'est des mêmes sentiments que s'inspirera de Giers dans ses rapports avec la France.

Au commencement de novembre 1881, une grande nouvelle, prévue d'ailleurs depuis plusieurs mois, arrivait de Paris à Saint-Pétersbourg. Le cabinet Jules Ferry avait été renversé et il était remplacé par un ministère ayant Gambetta à sa tête et désigné déjà sous le nom de Grand ministère, dans lequel il s'était attribué avec la présidence le portefeuille des Affaires étrangères. L'événement était accueilli dans les chancelleries avec autant d'émotion que de curiosité et dans les régions officielles russes plus encore qu'ailleurs, non que l'avènement de l'illustre tribun au pouvoir fut considéré comme un péril pour la paix, mais parce qu'on se demandait comment il s'y prendrait pour se libérer des principes révolutionnaires dont il s'était fait l'apôtre alors qu'il était dans l'opposition.

Le général Chanzy était alors en France en vertu d'un congé et le bruit se répandait que, résolu à ne pas conserver son poste sous l'autorité du nouveau ministre, il avait donné sa démission. Aussi attendait-on impatiemment son retour. N'eût été cette cause d'inquiétude, il ne semblait pas que l'événement dût troubler la tranquillité dont jouissait l'Europe. En s'en entretenant avec M. Ternaux-Compans, qui dirigeait l'ambassade comme chargé d'affaires en l'absence de l'ambassadeur, le ministre de Giers lui tenait le langage le plus rassurant : « Vous allez avoir au gouvernement un homme d'une supériorité incontestable ; c'est une intelligence aussi puissante que souple et qui sait charmer. J'en ai la preuve par ce que m'écrit Kapnitz et par d'autres agents diplomatiques qui m'ont tenu le même langage. Je ne sais rien encore de positif quant à la formation du nouveau ministère, mais les noms mis en avant ne peuvent que rassurer sur sa couleur politique. »

Ceci était dit le 9 novembre. Mais bientôt après on apprenait que le général Chanzy quittait l'ambassade. En annonçant son retour, il disait qu'il ne revenait qu'afin de présenter à l'Empereur ses lettres de rappel. C'était un nuage sur la confiance du ministre russe, que d'abord ne parvint pas à dissiper la visite que lui fit l'ambassadeur en rentrant à Saint-Pétersbourg, le 7 décembre.

« Ma démission n'a aucune signification au point de vue de la politique extérieure de la France, déclara Chanzy. Le nouveau gouvernement comme l'ancien veut conserver et consolider les bonnes relations avec la Russie. Je suis chargé d'en donner l'assurance à l'Empereur. »

Ce n'était pas assez pour calmer l'appréhension de De Giers :

« Nous n'en sommes pas moins devant l'inconnu, » dit-il.

Mais quand il sut que, pour succéder à Chanzy, Gambetta avait fait choix du comte de Chaudordy, il se rassura. Le 23 décembre, l'ambassadeur démissionnaire fut reçu à Gatchina et prit congé de l'Empereur, à qui il renouvela les assurances qu'il avait données à de Giers.

Alexandre III en parut satisfait. Après avoir exprimé à son interlocuteur le regret que lui causait son départ, il reprit : « J'espère que votre gouvernement saura résister aux idées avancées qui, sous prétexte de réaliser des progrès que chacun comprend et désire, dépassent le but et ne peuvent aboutir qu'à la perturbation. » C'était un avertissement dont quelques jours plus tard il dut comprendre l'inutilité en apprenant quels avaient été les premiers actes du nouveau ministère. Le comte de Chaudordy nommé ambassadeur à Saint-Pétersbourg, le baron de Courcel à Berlin en remplacement du comte de Saint-Vallier démissionnaire pour les mêmes raisons que Chanzy, celui-ci appelé au commandement du corps d'armée de l'Est, le général de Miribel à l'Etat-major de la Guerre, d'autres choix analogues ne laissaient aucune place à la crainte de voir Gambetta favoriser les entreprises de la révolution.

Les dernières paroles de l'Empereur, lorsque Chanzy se sépara de lui, sont encore plus caractéristiques et plus significatives.

« Je sais que chez vous on ne désire pas la guerre et j'espère que nous nous entendrons toujours pour nous en préserver. Mais on ne sait ce que l'avenir nous réserve et toute nation doit à sa sécurité d'avoir une bonne armée. »

Comment interpréter ce langage sinon comme un encouragement donné à la France de développer ses forces militaires et de se prémunir de la sorte contre les menaces de l'étranger ? Ces menaces de qui pouvaient-elles venir si ce n'est de l'Allemagne ? Alexandre III prévoyait-il qu'il était exposé, lui aussi, à les encourir et qu'en ce cas, il aurait besoin de la France ? Déjà, en 1875, son père avait dit au général Le Flô : « Soyez forts, général. » Et Gortchakof avait ajouté : « Nous voulons la France aussi forte que par le passé et Paris aussi brillant. » Alexandre III restait donc dans la tradition paternelle et, tandis que par tant de traits parfois déconcertants, il semblait rivé à l'Allemagne, on eût dit qu'il prenait ses précautions contre elle.

Ceux de mes lecteurs qui ont connu le comte de Chaudordy ne me démentiront pas quand je dirai qu'en le choisissant pour l'ambassade de Saint-Pétersbourg, Gambetta avait eu la main heureuse et fait preuve de sagesse. Ancien directeur du cabinet de Drouyn de Lhuys à la fin de l'Empire, ayant conservé ses fonctions après la révolution du Quatre-Septembre, à la prière de Jules Favre, qui avait fait appel à son patriotisme, envoyé ensuite par le gouvernement de Paris à la Délégation de Tours, où, sous l'autorité de Gambetta, il avait dirigé la politique extérieure de la France, puis élu député à l'Assemblée Nationale, et, sous le gouvernement du maréchal de Mac-Mahon, nommé successivement ambassadeur de France à Berne et à Madrid, il joignait à l'expérience acquise au cours d'une si brillante carrière les plus aimables qualités de l'esprit, la modération dans les idées et une connaissance approfondie des questions ayant trait à la politique internationale. Chargé sous le premier ministère de Broglie d'une mission confidentielle auprès du prince Gortchakof, il était resté en relations avec lui et, bien que cet homme d'Etat eût quitté la chancellerie russe pour prendre sa retraite, son patronage était encore assez puissant pour assurer à l'ambassadeur en Russie un accueil exceptionnellement favorable. Mais il appartenait au centre droit de la Chambre, auquel le pouvoir avait été arraché à l'issue de la crise du Seize

Mai et il ne semblait pas que cette circonstance dût le désigner au choix du gouvernement de la République. Il tomba donc de son haut lorsque Gambetta lui dévoila pour quel motif il l'avait fait appeler. Après avoir évoqué le souvenir des heures douloureuses pendant lesquelles ils avaient vécu côte à côté à Tours et appris à se connaître, le ministre lui dit : « Ce n'est pas pour causer académiquement que je vous ai prié de venir me voir, mais pour vous apprendre que je vous envoie à Saint-Pétersbourg comme ambassadeur. »

Chaudordy commença par refuser. Renvoyé des allaires en même temps que ses amis politiques, il n'y voulait rentrer qu'avec eux. Comme Gambetta insistait, il lui rappela la divergence de leurs opinions réciproques ; elle lui faisait un devoir de maintenir, son refus. Mais à ses raisons, le ministre opposait les siennes, la résolution qu'il avait prise de ne confier les grands postes diplomatiques qu'à des diplomates de carrière ayant donné des preuves de leur valeur professionnelle. Un mouvement se dessinait en Russie en faveur de la France. Bien que ce ne put être encore « qu'un capital en réserve, » il fallait, pour en tirer parti un jour, se mettre dès maintenant en rapport avec ceux qui le dirigeaient. C'est pour lui confier cette mission que le chef du gouvernement faisait appel au dévouement patriotique de Chaudordy.

Celui-ci se défendait encore. Il objecta que la politique intérieure de la France et les influences révolutionnaires qu'elle subissait rendaient la situation de l'ambassadeur de la République en Russie trop difficile et trop délicate pour qu'il fût tenté d'en courir les risques. Il ne voulait pas s'exposer aux embarras et aux désagréments dont parfois avait eu à souffrir le général Chanzy et, en particulier, lors de la fameuse affaire Hartmann. Mais Gambetta tenait bon. Finalement, son obstination eut raison de celle de Chaudordy. Elle tomba devant la promesse qui lui fut faite que, si quelque incident analogue se produisait, de nouveau, c'est à ses conseils que se conformerait, pour le dénouer, le gouvernement de la République. Du reste, comment aurait-il maintenu son refus alors qu'il était averti que l'Empereur, consulté, avait donné son adhésion au choix de Gambetta et témoigné son contentement ?

En de telles conditions, le gouvernement français n'avait pas eu à examiner s'il ne vaudrait pas mieux continuer à confier à un général le poste de Saint-Pétersbourg. Les trois derniers ambassadeurs, Fleury. Le Flô, Chanzy, avaient dû à leur qualité de soldats de pouvoir assister aux parades du dimanche et d'approcher l'Empereur plus souvent que le pouvaient les ambassadeurs civils qui n'étaient reçus qu'après avoir demandé audience. C'était assurément un avantage ; mais le système n'allait pas sans inconvénient, l'ambassadeur autorisé à se mêler en uniforme à l'escorte du souverain, étant exposé à un accès d'humeur ou à quelque boutade.

Au surplus, en présence du consentement d'Alexandre III, en ce qui touchait Chaudordy, la question ne s'était même pas posée. Celui-ci se prêtant à ce qu'on attendait de lui, tout fut dit, et il prépara son départ, approuvé par ses amis politiques qui n'ignoraient pas quels services la France pouvait attendre de lui.

Si nous nous sommes attardé à cet épisode vieux de trente-sept ans et bien oublié aujourd'hui, c'est parce qu'il fait honneur aux deux personnages qu'il met en scène et démontre combien le Gambetta des anciens jours s'était assagi. Mais, c'est là justement ce que les partis avancés ne lui pardonnaient pas. Le 26 janvier 1882, alors qu'il n'était au pouvoir que depuis six semaines, son ministère était renversé sur la question du scrutin de liste. Quelques jours plus tard, M. de Freycinet revenait à la présidence du Conseil et reprenait le portefeuille des Affaires étrangères. Chaudordy n'était déjà plus ambassadeur en Russie. Gambetta renversé, il lui avait apporté sa démission et son successeur ne tardait pas à être désigné. C'était l'amiral Jaurès, dont la mission d'ailleurs fut de courte durée et a si peu marqué qu'elle échappe à l'Histoire et que nous n'aurons pas à en reparler.

III

Le 20 janvier 1883, la famille impériale rentrait à Saint-Pétersbourg à la grande joie des habitants de la capitale. Son absence avait duré vingt-deux mois, à peine interrompue par de rares et rapides apparitions. Le retour de l'Empereur créait un état nouveau où la satisfaction populaire entrait pour une large part en ramenant sur la personne du souverain un prestige qui menaçait de s'évanouir. Il s'installait au palais Annïtchkoff où il résidait quand il n'était encore que tsarévitch. Mais il était entendu que les réceptions officielles auraient lieu au Palais d'hiver. A cet effet, la police redoublait de surveillance, car il s'en fallait de beaucoup que l'atmosphère de crainte en laquelle vivait la cour fût dissipée. « Nous n'aimons pas, disait de Giers, à voir l'Empereur sortir du cercle étroit où nous pouvons répondre de sa vie. » Ce n'est pas qu'à ce moment le nihilisme se fût relevé de l'état d'impuissance auquel il était réduit par suite des entraves apportées à ses progrès par la vigilance de la police. Mais les découvertes que faisait celle-ci fournissaient la preuve qu'il ne renonçait pas à ses criminelles entreprises et attendait son heure pour y revenir, se contentant de jeter de temps en temps des coups de sonde à droite et à gauche comme pour s'assurer un terrain propice à son action au jour et à l'heure où il lui conviendrait de l'exercer. L'année suivante, au mois de mai, la police, ayant été amenée à procéder à plusieurs arrestations, put constater que l'armée commençait à subir la contagion des idées révolutionnaires. En janvier, le colonel de gendarmerie Souderkine avait été assassiné, en des circonstances particulièrement odieuses, par un sieur Jablonski, nihiliste vendu à la police à qui il inspirait confiance. L'assassin l'avait attiré chez lui sous prétexte de lui faire des révélations, et, dans ce guet-apens, Souderkine avait trouvé la mort. On l'avait relevé à la porte de l'appartement atteint d'une balle et assommé. Un officier qui l'accompagnait était évanoui et blessé. Le crime accompli, l'assassin avait pris la fuite et s'était réfugié en France. Mais un peu plus tard, il avait eu l'audace de revenir à Saint-Pétersbourg où, quoique très connu, il était resté cinq jours, sous l'œil de la police qui le croyait toujours à Paris. Il était alors parti pour Novgorod où il avait été reçu et caché par des officiers de la 22e brigade d'artillerie, qui tenait garnison dans cette ville. Ils avaient ensuite facilité son départ pour les Etats-Unis où il était arrivé sain et sauf. Le gouvernement russe songea d'abord à demander son extradition. Mais, il ne tarda pas à y renoncer, convaincu qu'il ne l'obtiendrait pas. Au même moment, on découvrit que les officiers de la IIe brigade en résidence à Saratof vivaient en bons rapports avec les membres les plus dangereux du parti révolutionnaire et leur distribuaient des secours.

Il fallait couper court à des faits d'une telle gravité et à la propagande dans l'armée dont on venait de saisir sur le vif les douloureux résultats, d'autant plus alarmants que les coupables bravaient ouvertement la police. Elle avait promis par voie d'affiche une récompense de dix mille roubles à qui les dénoncerait, mais durant la nuit, sur cette affiche, on en avait posé une autre par laquelle il était dit que le dénonciateur serait exécuté. Par ordre de l'Empereur, les ministres se réunirent chez Pobedonotzef, procureur général du Saint-Synode, et décidèrent de recourir à des mesures encore plus rigoureuses que celles auxquelles on avait recouru jusque-là. Elles eurent pour conséquence de faire tomber dans les mains de la justice des officiers, des civils, des femmes et parmi elles la Finger et la Petrowska, conspiratrices infatigables, qui avaient été l'âme des mouvements nihilistes et des complots antérieurs. Traduits en cour martiale, ces malheureux y comparurent au mois d'octobre et y furent presque tous condamnés à la peine capitale.

Au cours de ces événements, s'étaient produits certains faits qui, bien que n'intéressant pas la politique générale, méritent d'être mentionnés. Quelques semaines après la rentrée de la famille impériale, on commençait à parler du couronnement, qui, suivant l'usage, devait avoir lieu à Moscou. Il n'en avait pas été question pendant l'absence des souverains, période de deuil durant laquelle il eût été inopportun de procéder à la cérémonie de leur sacre, et aux fêtes somptueuses dont elle serait l'occasion. Mais, maintenant que leur exil volontaire avait pris fin, elle ne pouvait plus être retardée et, dans le courant d'avril, il était décidé qu'elle serait célébrée le 27 mai suivant. On envoyait à Moscou les insignes impériaux et les équipages de gala. La famille impériale partait le 20 afin de précéder les ambassades extraordinaires des Puissances dont» la venue était annoncée.

En vue de l'événement, le prince Dolgorouki, gouverneur général de Moscou, prenait les précautions les plus minutieuses pour protéger la vie du tout-puissant monarque que l'ironie du destin condamnait à ne sortir jamais de ses palais avec la certitude d'y rentrer vivant. Mais, en dépit de quelques propos d'alarmistes, les inquiétudes qui s'étaient manifestées après la mort d'Alexandre II avaient perdu leur caractère aigu, tant le nihilisme semblait décimé. La police avait mis la main sur les suspects ; elle répondait de la vie de l'Empereur et aucun incident fâcheux ne troubla l'imposante solennité dont, pour la quatrième fois depuis le commencement du siècle, le Kremlin était le théâtre. Tous les Etats du monde y étaient représentés par des princes de sang impérial ou royal ou par d'illustres personnages. La France en comptait plusieurs qui dans cette assemblée eussent fait brillante figure. Le gouvernement songea au Duc d'Aumale, et ensuite au maréchal de Mac-Mahon. Des considérations politiques firent renoncer à utiliser leur prestige et le choix des ministres se porta sur l'ancien président du Conseil Waddington, choix malheureux s'il en fut. On oubliait qu'au Congrès de Berlin, Waddington avait marché contre la diplomatie russe de concert avec le prince de

Bismarck, le comte Andrassy, et Lord Salisbury, souvenir qui ne pouvait le l'aire bien venir en Russie et n'était pas pour rendre plus étroites et plus fructueuses les relations du cabinet impérial avec la République. Elles n'étaient plus ce qu'elles avaient été sous Alexandre II pendant les ambassades du général Le Flô et du général Chanzy ; il était grand temps que cette situation se modifiât. Le 10 novembre 1883, la mission de l'amiral Jaurès ayant pris fin, le général Appert fut désigné pour lui succéder. C'était sous le ministère Jules Ferry.

Retraité depuis quelques mois, après avoir commandé, pour couronner sa carrière militaire, le 17e corps d'armée, cet officier général, dans les emplois confiés à son zèle, avait laissé les plus honorables souvenirs. Quinze campagnes en Afrique, en Crimée, en France pendant la guerre de 1870, constituaient ses titres à la considération dont il jouissait parmi ses pairs. Après la Commune, en sa qualité de commandant de la subdivision de Seine-et-Oise, il avait été chargé de l'organisation des Conseils de guerre auxquels étaient déférés les auteurs de l'insurrection. Il y a vingt-quatre ans, j'ai écrit en parlant de lui : « Dans ces fonctions, il ne se départit jamais d'un ferme esprit de justice et d'équité et s'il resta toujours le partisan résolu d'une répression légale, complète, son âme généreuse et croyante n'en versa pas moins sur bien des blessures une pitié consolante. Quand son œuvre fut terminée, on ne lui connaissait un ennemi. »

Un tel homme devait plaire à Alexandre III. Mais un autre motif le fit choisir par le gouvernement français et agréer par le souverain russe. Mme Appert était Danoise, connue et aimée à la cour de Copenhague et très particulièrement de l'Impératrice, sa compatriote. Cette circonstance assurait au nouvel ambassadeur un accueil exceptionnel et, à cet égard, l'espoir qu'il avait conçu ne fut pas trompé. Constatons toutefois que les événements qui se déroulèrent en Europe au cours de sa mission ne laissaient que bien peu de place à l'action de la France. Chez nous, l'idée d'une alliance avec la Russie n'était encore qu'à l'état embryonnaire ; dans le gouvernement, personne n'y pensait et Alexandre continuait à pratiquer envers la France et l'Allemagne sa politique de bascule, sans parvenir toujours à dissimuler que le souci de sa sécurité le poussait plutôt du côté de l'Allemagne où ses appréhensions ne trouvaient des échos que contre la France. Le 10 septembre 1883, tandis qu'une mission militaire russe, sous les ordres du général Dragomiroff, part pour notre pays afin d'assister aux grandes manœuvres d'automne, l'Empereur télégraphie de Copenhague à son ministre de Giers resté à Saint-Pétersbourg « qu'il importe de prescrire par télégraphe à ce général de se montrer très circonspect et très réservé dans son langage pendant son séjour au quartier général de l'armée française. » Simple mesure de prudence vis-à-vis de l'Allemagne, qui s'irriterait d'un nouvel incident Skobeleff, mais révélatrice du constant souci de l'Empereur de vivre en bon accord avec son voisin, non qu'il se dissimulât que de tous côtés se multipliaient les causes d'antagonisme qui liguaient contre la Russie sous des formes diverses l'Allemagne et l'Autriche, l'Italie et l'Angleterre, mais parce que trop souvent les actes du gouvernement de la République lui déplaisaient et ne lui permettaient pas de supposer qu'un jour viendrait où il y aurait utilité pour ses propres intérêts à se rapprocher de lui.

Le général Appert n'était pas chargé de travailler à ce rapprochement, mais d'entretenir les bons rapports entre Saint-Pétersbourg et Paris en fournissant au besoin des explications sur des faits dont l'Empereur, faute de les comprendre, prenait ombrage et en s'attachant à démontrer qu'ils étaient uniquement la conséquence des institutions adoptées par le pays. Il se montra supérieur dans ce rôle et sa franchise lui valut promptement la confiance et la faveur d'Alexandre III, qu'il conserva jusqu'à la fin de sa mission, sans avoir eu à traiter avec la chancellerie russe aucune affaire importante.

Il était depuis peu de temps à Saint-Pétersbourg lorsqu'on apprit que le prince Orloff, ambassadeur de Russie à Paris, était rappelé de ce poste et désigné pour celui de Berlin. Son départ enlevait à la France un ami. Le général Appert fut chargé d'exprimer au gouvernement russe les regrets du gouvernement français. Les explications données par de Giers furent rassurantes. A Berlin, Orloff, comme il l'avait fait à Paris, servirait les intérêts de la paix. Il y rendrait les plus grands services. En arrivant à Berlin, il alla lui-même en donner l'assurance au baron de Courcel, ambassadeur de la République. Dans sa nomination, il n'était rien dont la France eut à s'inquiéter. Le successeur qu'on lui donnait à Paris en fournissait la preuve.

C'était le baron de Mohrenheim. Nous ne savions rien de lui, sinon qu'étant ministre de Russie à Copenhague, durant les séjours si fréquents d'Alexandre III à la cour de son beau-père, il avait gagné la confiance et l'estime de son souverain et la protection de l'Impératrice. Rien ne faisait prévoir qu'il serait un jour l'un des ouvriers les plus actifs de l'alliance franco-russe. Ce n'est qu'avec le temps que ses sentiments devaient se révéler. Mais le langage qu'il tint dès son arrivée à Paris calma les appréhensions qu'avait inspirées au gouvernement français le rappel d'Orloff et d'autant qu'à la même époque, le général Appert trouvait de plus en plus auprès de l'Empereur un accueil bienveillant et cordial.

Cette situation se maintiendra durant toute l'année 1884. La politique des Puissances dans les Balkans et en Egypte, quoique fertile en divisions et en dissentiments, n'exerce aucune mauvaise influence sur les rapports de la Russie avec la France. Une seule circonstance se produisit dont aurait pu prendre ombrage le cabinet de Paris si les explications données à l'avance par de Giers à notre ambassadeur n'avaient eu pour effet de prévenir les inquiétudes que nous aurions pu concevoir. On était à la veille de l'entrevue des trois empereurs dont il fut tant parlé en cette même année. Ils devaient se rencontrera Skierniewice dans la Pologne russe et, comme leurs principaux ministres les accompagnaient, on se demandait quelles résolutions seraient prises. En réponse aux questions que lui posait le général Appert, de Giers lui déclara formellement qu'en cette rencontre, aucune question de politique internationale ne serait traitée. On s'occuperait uniquement de jeter les bases d'une entente à l'effet de réprimer les crimes contre les souverains et chefs d'Etat. Il est piquant de constater qu'au même moment, le chancelier d'Allemagne faisait au représentant de la France à Berlin une déclaration analogue. La suite a prouvé que ces propos exprimaient la vérité. Les trois empereurs avaient tenu en se réunissant à ne pas inquiéter la France et tout porte à croire que l'initiative de leur résolution émanait de l'Empereur de Russie. L'idée de jeter les bases d'une sorte d'alliance contre les assassins venait aussi de lui, mais également de Guillaume Ier. Ils la considéraient comme nécessaire, Alexandre III surtout, à qui la police impériale par les mesures qu'elle prenait rappelait sans cesse qu'il était toujours sous le poignard. Lorsqu'on septembre, il part pour Varsovie où il n'était pas allé depuis son avènement, et d'où il doit se rendre à Skierniewice, il prend la voie ferrée gardée sur tout le parcours par un cordon de troupes. Longtemps encore, il ne voyagera que sous la protection de soldats en armes, c'est-à-dire en défiance de ses propres sujets, situation véritablement lamentable pour un prince qui souhaite ardemment leur bonheur et dont les efforts pour l'assurer ne lui valent pas toujours la reconnaissance qu'il avait espérée.

Il arrive même que les mesures qu'il prend pour alléger leurs charges attirent sur lui les critiques et les ressentiments de sa famille. En février 1885, il décide que désormais les arrière-petits-enfants des empereurs ne seront plus reconnus en qualité de grands-ducs et de grandes-duchesses. On les considérera toujours comme princes du sang, ils auront le titre d'Altesse, mais ne recevront plus de dotation et ne jouiront plus des prérogatives et privilèges qui leur étaient affectés depuis le règne de Paul Ier. Cette mesure à laquelle applaudit l'opinion a été rendue nécessaire par l'accroissement de la famille impériale qui pesait lourdement sur l'Etat ; il était devenu indispensable de limiter cette charge et l'Empereur n'a pas hésité à le faire quand il s'est convaincu que ce serait pour ses sujets un acte de justice et un bienfait ; il ne s'est pas laissé arrêter par les réclamations et les plaintes dont il a été assailli. Les mesures qu'il prend ont toutes ce caractère de ténacité. Voici maintenant cinq ans qu'il règne et la transformation qui s'est opérée en lui éclate à tous les yeux. Ce n'est plus aujourd'hui le souverain débutant et timide qui se laissait guider pur des hommes plus expérimentés que lui. Il a pris l'habitude de ne suivre que ses propres inspirations. Il ne prévoit pas de loin, mais il témoigne de beaucoup de suite dans les idées. On est parfois surpris d'entendre dans sa bouche des propos qu'on entendait jadis dans celle de Nicolas Ier. Comme celui-ci, il dit volontiers qu'il ne transigera pas avec ses principes. Maintes fois, son aïeul semble revivre en lui. Etant donné ce caractère, ou, pour mieux dire, cette ressemblance avec le plus autocratique de ses prédécesseurs, convaincu lui aussi que la responsabilité des progrès qu'ont faits dans l'Empire les idées révolutionnaires incombe à la France, perdant de vue que, si elles se sont propagées en Russie, c'est qu'elles y ont trouvé un terrain depuis longtemps préparé par les sectes politiques ou religieuses qui se multiplient dans les milieux populaires qu'elles ont contaminés, les faits qui lui déplaisent sont traités par lui de concessions aux partis avancés. Il qualifiera de la sorte l'expulsion des princes d'Orléans, non qu'il s'intéresse à eux, mais « parce qu'elle caractérise la marche de la République. »

Même qualification à l'amnistie accordée par le gouvernement français en février 1886 à un certain nombre de condamnés politiques, parmi lesquels figure un sujet russe, le prince Kropotkine, anarchiste militant qui, après avoir conspiré en Russie, s'était réfugié en France et y avait été condamné pour avoir participé à des complots contre le gouvernement. La mise en liberté de ce personnage porta au plus haut degré la colère du Tsar. De Giers en fut l'interprète auprès de l'ambassadeur. Celui-ci répondit que Kropotkine était un condamné des tribunaux français et qu'il n'avait pas été possible de l'excepter des mesures de grâce adoptées en faveur des condamnés de sa catégorie.

« Dans notre pays, ajouta le général Appert, la loi est égale pour tous.

— Sans doute, objecta de Giers, mais il s'agit de la vie de l'Empereur. Quels regrets si Kropotkine rentrait en Russie et se livrait à un attentat !

— Ce serait grave en effet, mais si vous n'aviez pas commis la maladresse de laisser échapper ce triste personnage quand il était encore en Russie, tout cela ne serait pas arrivé. »

L'incident n'eut pas d'autre suite et, soit qu'Alexandre eut fini par se rendre aux raisons de son ministre, soit qu'il jugeât l'heure inopportune pour envenimer ses relations avec la France, il s'apaisa et le silence se fit sur l'événement. Mais il n'en fut pas de même de celui qui suivit, c'est-à-dire le rappel du général Appert, décidé au mois d'avril 1886 par le ministère que présidait M. de Freycinet, ministre des Affaires étrangères.

Jamais rappel d'ambassadeur ne fut plus inattendu, et le moins qu'on en puisse dire c'est qu'il constituait une suprême imprudence. On ne saurait qualifier autrement la faute qui fut commise lorsque, sans autre raison que le désir de donner au général Billot la succession du général Appert, on se priva des services d'un homme qu'Alexandre III traitait en favori et auquel il prodiguait les marques de sa bienveillance. En 1885, il avait voulu assister à un bal donné à l'ambassade de France et exigé que tous les princes et princesses de sa famille se rendissent à l'invitation qui leur avait été adressée. C'était la première fois, depuis longtemps, que pareil fait se produisait. Il témoignait d'une sympathie du souverain pour le général Appert, singulièrement précieuse pour le règlement des affaires. La sagesse la plus élémentaire commandait de ne rien changer à cet état de choses, alors surtout qu'à propos de Kropotkine, l'ambassadeur avait donné la preuve de son influence en contribuant à calmer la première colère de l'Empereur.

Vis-à-vis de lui, on ne pouvait invoquer que « les dures exigences de la politique et les nécessités du gouvernement » et on n'invoqua pas d'autres raisons dans la lettre qu'on lui écrivit pour l'avertir de son rappel. Pour le lui rendre moins pénible, on lui annonçait qu'en rentrant en France, il recevrait le grand cordon de la Légion d'honneur. Mais ceci n'était pas assez pour conjurer l'impression pénible qu'il ressentit lorsqu'un soir, à un bal qu'il donnait en l'honneur de la grande-duchesse Catherine, cette lettre lui fut remise. Sa réponse s'en ressentit et en même temps qu'il s'inclinait devant la décision ministérielle, il laissait entendre que son rappel était aussi maladroit qu'injuste.

Cependant, bientôt après, le gouvernement impérial était averti par son ambassadeur à Paris, le baron de Mohrenheim, que le général avait demandé son rappel « pour des raisons de santé » et que, pour le remplacer, le gouvernement français allait proposer à l'agrément de l'Empereur le général Billot. L'un des jours suivants, à la parade, à laquelle le général, bien qu'il procédât à ses préparatifs de départ, avait tenu à assister, l'Empereur l'interpella :

« Vous êtes donc malade, général, et au point de vouloir nous quitter ?

— Je ne suis pas malade, Sire ; mais, mon gouvernement me rappelle, » répondit Appert.

Est-ce à ce moment que l'Empereur soupçonna qu'on avait voulu le tromper sur les véritables causes d'une mesure qui éloignait de lui un ambassadeur auquel il s'était attaché et vit dans la conduite du gouvernement français un manque d'égards ? Il est assez difficile de le préciser. Ce qui est hors de doute c'est que son langage au général Appert, en lui exprimant ses regrets, laissait prévoir la grave résolution qu'il prit peu de jours après.

« Des ambassadeurs sont bien inutiles dans l'état actuel des choses, observa-t-il. Des chargés d'affaire suffiront. »

Le lendemain, il partait pour la Crimée avec sa famille. Son séjour à Livadia devait être de six semaines. En y donnant rendez-vous à de Giers qu'il voulait avoir auprès de lui, il lui ordonnait de prescrire au baron de Mohreinkem un congé illimité. Quant à un nouvel ambassadeur de France à Saint-Pétersbourg, il ne voulait pas en entendre parler : « Je ne veux ni Billot ni personne. « Il entendait aussi que jusqu'à nouvel ordre ses intentions demeurassent secrètes et ne fussent connues que de ceux à qui il était nécessaire de les communiquer.

Notre chargé d'affaires M. Ternaux-Compans les ignorait. Mais, un entretien qu'il avait eu avec de Giers avant le départ de celui-ci l'avait plongé dans l'anxiété.

« Je serais aux regrets, lui avait dit le ministre russe, que le rappel du général Appert altérât les bonnes relations que je désire voir se former entre la France et la Russie. Aussi, pendant mon séjour à Livadia, m'efforcerai-je d'effacer dans l'esprit de l'Empereur toute trace du mécontentement que lui a causé ce rappel d'un ambassadeur qu'il avait en haute estime. Mais je ne saurais vous dissimuler que ses vues et ses principes en matière de gouvernement s'accordent assez peu avec le régime que la France a adopté comme avec les tendances actuelles de la politique républicaine. Toutefois ce serait se méprendre sur ses véritables dispositions que de ne point les considérer comme très favorables à la France et de lui attribuer un autre sentiment qu'une amitié réelle basée sur la conscience des intérêts qui sont communs aux deux pays. Je sais que j'aurai à combattre des préventions chez l'Empereur, mais je ne désespère pas de lui démontrer que les difficultés de votre situation intérieure proviennent du fractionnement des partis au sein de la Chambre, de l'instabilité de la majorité et de l'obligation à laquelle est tenu le cabinet de se mouvoir entre les partis de manière à s'assurer la faculté de ne pas la laisser se coaliser contre lui.»

Telle était la situation lorsque notre chargé d'affaires reçut un message de M. de Freycinet. Le ministre lui annonçait que la nomination du général Billot était chose décidée et lui demandait s'il fallait la soumettre à l'Empereur durant son séjour à Livadia ou s'il ne convenait pas mieux d'attendre son retour. De Giers étant absent, c'est auprès de son suppléant Vlangaly que M. Ternaux-Compans alla s'informer de la réponse qu'il devait faire à la question que lui posait son gouvernement. « Hélas ! l'Empereur a défendu qu'on lui parlât d'un nouvel ambassadeur, avoua Vlangaly, et telle est son opiniâtreté que je ne vois pas comment nous pourrons l'en faire revenir.» Ces propos furent confirmés par un autre agent principal de la chancellerie russe, Jomini. Il apprit à M. Ternaux-Compans que le baron de Mohrenheim avait reçu l'ordre de quitter le territoire français. Vainement il avait démontré dans un rapport à son souverain les dangers de cette mesure. En marge de ce rapport l'Empereur s'était borné à écrire : « Ces observations sont exagérées, je ne transigerai pas avec mes principes. » L'ordre signifié à Mohrenheim avait été maintenu.

Ce n'était pas le conflit, mais la volonté impériale se traduisant en un tel témoignage d'irritation et en un silence dédaigneux et boudeur, créait une situation d'une exceptionnelle gravité et qui, si elle se fut prolongée, aurait abouti à une rupture totale. Nous raconterons ultérieurement comment elle prit fin quelques mois plus tard.

Chapitre II

Mission Laboulaye 1886-1891

I

Au printemps de 1886, Alexandre III boudait la République Française. Le rappel du général Appert était, nous l'avons déjà dit, la cause de cette bouderie, assez peu justifiée d'ailleurs, à ne la considérer que dans ses origines, un gouvernement ayant toujours le droit de disposer de son personnel diplomatique. Ce rappel ne constituait pas un manquement aux usages ; mais, dans les circonstances où il s'était produit, il était singulièrement inopportun. Alexandre III s'en était offensé. Dans un accès de colère, il avait refusé de laisser accréditer un autre ambassadeur auprès de sa personne et déclaré que désormais un chargé d'affaires suffirait. Ordre donné au baron de Mohrenheim, son représentant en France, de quitter son poste et de sortir de France ; défense faite à ses ministres de l'entretenir de cet incident, à moins d'une nécessité absolue, telles étaient les conséquences de l'événement, et le moins qu'on pût y voir était un fléchissement des bonnes relations qui avaient existé jusque-là entre Paris et Saint-Pétersbourg.

Naturellement, l'Allemagne cherchait à envenimer le conflit. Ses journaux annonçaient avec une satisfaction à peine dissimulée que désormais la République n'aurait plus d'ambassadeur en Russie et n'y serait représentée que par des agents de second ordre. Il est vrai que la presse russe infligeait à ces dires un démenti formel.

C'était prédire à coup sûr. Quelque entêté que fût l'Empereur dans ses résolutions, il n'était pas homme à persévérer dans celle qu'il venait de prendre lorsqu'il aurait acquis la conviction qu'elle ne lui serait pas moins nuisible qu'à la France. Son ministre des Affaires étrangères, Giers, s'attachait à l'en convaincre. Il n'avait pas approuvé la décision impériale en un moment où son souverain était impuissant à empêcher l'union des Rouméliotes et des Bulgares et où l'Allemagne et l'Autriche, rendant plus étroite leur alliance, menaçaient la Russie de l'isoler en Europe aussi complètement que l'était la France. Ces deux pays avaient donc intérêt à se rapprocher et non à se diviser. C'est l'argument que faisait valoir le ministre russe dans ses entretiens avec l'Empereur et dans les confidences qu'il échangeait avec le chargé d'affaires de France, M. Ternaux-Compans, auquel avait été confiée, après le départ du général Appert, la direction de l'ambassade. Giers ne pouvait marcher qu'avec une lenteur prudente dans la tâche qu'il avait entreprise. Il n'obtiendrait rien tant que durerait la mauvaise humeur du Tsar.

Elle s'aggrava tout à coup quand on apprit à Saint-Pétersbourg les mesures prises par le gouvernement de la République contre les princes d'Orléans. Ce n'est pas qu'Alexandre s'intéressât à leur sort. Avec plus d'injustice que d'équité, et bien qu'il n'en laissât rien paraître, il avait conservé à leur égard quelque chose de l'antipathie que son aïeul Nicolas Ier n'avait cessé de témoigner au roi Louis-Philippe.

On se rappelle par quels incidents elle se manifesta en 1830. Louis-Philippe n'était à ses yeux qu'un usurpateur contre lequel auraient dû se liguer les souverains signataires de la Sainte-Alliance de 1815, en

95

refusant de le reconnaître comme roi des Français. Mais ni l'Angleterre, ni l'Autriche, ni la Prusse ne voulurent le suivre dans cette voie, et il dut se résigner à les imiter lorsque les trois gouvernements eurent décidé de continuer avec la monarchie de juillet les mêmes relations qu'avec les Bourbons de la branche aînée. Il ne le fit que contraint et forcé, et cette disposition se révéla pendant dix-huit ans dans ses rapports avec la famille d'Orléans.

Sans pousser aussi loin que lui le ressentiment et la rancune, Alexandre III n'oubliait pas les griefs de Nicolas Ier, et le moins qu'on puisse dire, c'est qu'en toute autre circonstance, l'expulsion des princes l'eût laissé indifférent.

Mais, dans la loi qui les frappait, il voyait une preuve des tendances révolutionnaires des gouvernants français et de leur désir, résultat de leur faiblesse, de s'assurer une majorité dans le Parlement en se soumettant aux injonctions du groupe le plus avancé du parti républicain. Ce sentiment se trouve nettement affirmé dans une lettre venue de Saint-Pétersbourg et qui fut communiquée à cette époque à l'auteur de ce récit. Nous en détachons le passage suivant :

« La question de l'expulsion des Princes et les débats auxquels elle donne lieu dans la presse française ont ici beaucoup de retentissement… L'opinion moyenne russe ferait assez bon marché de la forme gouvernementale en France, pourvu que cette forme assurât à celle-ci une stabilité intérieure et une force capable d'offrir à la Russie le point d'appui qui lui manque pour se dérober aux nécessités d'une alliance austro-allemande. De même que cette opinion se réjouit de tout événement qui parait consolider en France l'autorité gouvernementale, de même, elle s'afflige et s'inquiète chaque fois que surgit une circonstance qui semble de nature à affaiblir le pouvoir et à le faire glisser entre les mains des radicaux. Chacun se rend compte de l'impression que cette mesure produira sur l'esprit de l'Empereur et redoute qu'elle n'accentue encore en lui son peu de goût pour le gouvernement de la République. »

Ces lignes ne reproduisent pas seulement les échos de la cour de Russie ; elles expriment aussi la pensée de l'Empereur lui-même, pensée que le souci de la vérité oblige l'historien à serrer de plus près. Il est rigoureusement vrai que les aspirations nationales de la Russie, les obstacles que suscitaient à leur réalisation ses deux voisins l'Allemagne et l'Autriche, devaient logiquement conduire un empereur aussi pénétré de sa mission que l'était Alexandre III, à rechercher une alliance française. Malheureusement, la conscience du souverain parlait plus haut que les intérêts de sa politique, et telle était sa haine du radicalisme qu'elle le rivait pour ainsi dire malgré lui à l'Allemagne. De là une situation faussée, compromettante pour l'œuvre qu'il poursuivait. Sous la pression d'un danger national, il aurait pu, malgré ses préventions, se rapprocher d'un gouvernement républicain modéré qui, avec une alliance d'occasion, lui offrirait les moyens de s'affranchir du joug allemand, et c'était là d'ailleurs la solution à laquelle il devait se rallier plus tard. Mais encore à cette heure, sous l'empire de sa foi monarchique et religieuse, il préférait affronter seul la lutte, le jour où il se révolterait contre la sujétion à la puissance allemande, que transiger avec sa conscience, en faisant un pacte avec une France gouvernée par un parti dont les doctrines étaient en opposition absolue avec tout ce qui était à ses yeux la base même d'une société organisée.

Le récent mariage de son beau-frère, le prince Waldemar de Danemark, avec la princesse Marie d'Orléans en l'alliant à la branche cadette des Bourbons, ne pouvait que le rendre plus sensible à l'expulsion des princes de cette maison.

Telle est la genèse de l'irritation que l'événement détermina en lui. Ainsi se grossissaient ses griefs contre le gouvernement de la République ; un mauvais sort semblait avoir été jeté sur les relations des deux pays. Affaire Hartmann sous le règne d'Alexandre II ; affaire Kropotkine cous celui d'Alexandre III, rappel du général Appert, expulsion des Princes d'Orléans, c'était vraiment jouer de malheur.

Le chargé d'affaires de France, M. Ternaux-Compans, n'ignorait pas les dispositions de l'Empereur ; ses conversations avec Giers et les assistants de celui-ci, Vlangaly et Jomini, les lui avaient révélées, alors qu'il s'attachait avec un zèle patriotique à mettre un terme à une situation aussi anormale. Mais c'est seulement au mois de juillet qu'il connut l'impression produite sur l'Empereur par la décision du gouvernement français concernant les Princes. Elle lui fut révélée par Giers, quand celui-ci revint de Livadia. Durant son séjour auprès du Tsar, il s'était efforcé de le ramener au calmé et il croyait y être parvenu lorsque l'affaire d'Orléans rendit inutiles les efforts auxquels il s'était livré. Le devoir du chargé d'affaires de France l'obligeait à faire part à son gouvernement de ce qu'il voyait et de ce qui lui était dit.

Le premier mouvement de M. de Freycinet, ministre des Affaires étrangères, fut un mouvement de révolte qu'il est aisé de comprendre et que tout autre à sa place eût subi comme lui. Dans sa réponse, il rendait hommage aux efforts cordiaux de Giers et, sans méconnaître la sympathie manifestée par le ministre russe pour notre pays, il déclarait ne pouvoir accepter son point de vue. Les griefs allégués étaient des faits d'ordre purement intérieur ne concernant que le gouvernement français et ne pouvant donner à aucun cabinet étranger le droit de modifier son attitude vis-à-vis de nous. C'était la sagesse même ; mais par quel malentendu, par quelle interprétation dépourvue de fondement, le ministre français en arriva-t-il à considérer le langage que lui tenait son subordonné comme la manifestation des sentiments de celui-ci et comme un témoignage du contentement involontaire qu'il éprouvait à se faire l'organe de l'opinion de l'Empereur ? M. Ternaux-Compans ne méritait pas ce soupçon.

Pendant l'absence de Giers, dans ses conversations avec Vlangaly, il n'avait pas cessé d'essayer de leur faire comprendre le danger que créerait la prolongation de ces malheureux incidents et de soutenir que le rappel du général Appert, qui en était l'origine, n'avait été motivé que par des raisons dont un ministre des Affaires étrangères était et devait rester seul juge. Il avait invoqué de nombreux précédents, entre autres celui du prince Orloff qui, malgré les sympathies dont il était entouré à Paris, avait été subitement déplacé pour être envoyé à Berlin. Il avait enfin objecté à son interlocuteur que, si le Tsar maintenait sa décision, il se couperait pour ainsi dire toute retraite et que si l'avenir lui ouvrait les yeux, il lui serait bien difficile de changer d'attitude sans donner à la reprise des relations une importance qui fournirait à l'Allemagne l'occasion de s'alarmer... Il considérait donc comme impérieusement nécessaire d'en finir au plus vite, ne serait-ce que pour éviter une interpellation dans le Parlement français qui devait se réunir sous peu de jours. Vlangaly lui avait donné raison, mais avoué en même temps que les conseillers de l'Empereur ne pouvaient rien contre son intransigeance. Telle avait été aussi l'opinion de Jomini, et ce qu'ils avaient dit, Giers, à son retour de Livadia, le confirmait. Il convenait donc de patienter et d'attendre que les circonstances devinssent plus favorables à un changement dans l'état d'âme du Tsar.

Il suffit d'évoquer ces souvenirs pour faire comprendre à travers quelles difficultés M. Ternaux-Compans eut alors à remplir sa mission. Il n'y trouvait que des motifs de déception et de découragement. Puisqu'il n'était pas parvenu à dissiper le mauvais effet des actes successifs qui avaient indisposé l'Empereur et à faire cesser l'isolement auquel la politique du gouvernement républicain condamnait la France, il ne voulut pas engager plus longtemps sa responsabilité ; il demanda à être relevé de ses fonctions, en déclarant toutefois qu'il entendait se retirer sans bruit pour ne pas ajouter aux embarras du moment.

La réponse qu'il reçut ne pouvait que lui prouver le peu de fondement de ses scrupules et de ses craintes, et qu'il était toujours en possession de la confiance de son ministre, lequel considérait ses services comme nécessaires. Non seulement on refusait de le rappeler, mais on lui laissait entendre que, s'il persistait dans son projet, il serait révoqué. C'était une mise en demeure à laquelle, quels que fussent ses regrets de quitter une carrière dans laquelle il servait depuis vingt ans, il répliqua en envoyant sa démission. Il emportait de Saint-Pétersbourg, outre l'estime de tous ceux qui l'avaient approché, voire l'amitié de quelques-uns d'entre eux, la certitude d'avoir rempli tout son devoir. M. de Freycinet eut la main particulièrement heureuse en désignant pour le remplacer à Saint-Pétersbourg, comme chargé d'affaires, le comte d'Ormesson. Ce jeune diplomate, que sa naissance et ses mérites rendaient particulièrement digne de la mission qui lui était confiée, présentait le double avantage d'être sympathique aux chefs du parti républicain en souvenir de ses relations d'amitié avec Gambetta et de se recommander aux conservateurs par ses origines et ses alliances de famille. Nommé le 5 juillet, il partait aussitôt pour Saint-Pétersbourg sans avoir reçu d'autres instructions que celles-ci : « Vous connaissez la situation ; faites pour le mieux à l'effet d'y remédier. »

Quelques jours plus tard, ayant rejoint son poste, il y recevait du ministre une lettre qui les lui donnait sous une forme un peu plus précise.

« Nous n'avons pas cessé et nous ne cesserons pas de professer pour la Russie les sentiments de la plus vive amitié ; nous serons toujours prêts à rendre à nos rapports diplomatiques l'intimité qui leur convient et que désire, croyons-nous, la population des deux pays ; mais notre dignité nous interdit, M. de Giers sera le premier à le comprendre, de renouveler des démarches qui ont été jusqu'ici si peu couronnées de succès. Nous attendrons patiemment que le gouvernement russe mieux éclairé en revienne à une appréciation plus exacte des hommes et des choses de notre pays. Ce retour, que nous désirons, nous parait inévitable, car il est commandé par la logique et la vérité en même temps que par l'intérêt des deux nations. »

Après avoir exposé en ces termes les sentiments de cordialité que la France nourrissait pour la Russie, M. de Freycinet traçait au jeune chargé d'affaires la conduite qu'il devait tenir dans le poste difficile qu'on lui confiait :

« Abstenez-vous avec M. de Giers et ses suppléants de toute démarche ou même de toute allusion relativement à la nomination de notre ambassadeur. Si M. de Giers aborde le sujet, vous suivrez votre interlocuteur dans la stricte mesure où il se tiendra lui-même. Invitez M. de Sermet (attaché militaire de l'ambassade) à s'abstenir également de toute allusion. Nous laisserons au temps le soin de changer des dispositions dans lesquelles nous n'avons aucune responsabilité. Conservez d'ailleurs à vos relations le caractère de cordialité et de courtoisie que permettent les circonstances. Pour le moment, votre tâche doit être de vous faire bien venir personnellement. »

La lettre d'où sont tirés ces extraits, datée du 16 juillet, était telle qu'on devait l'attendre d'un ministre qui avait pour premier devoir de diriger à distance les débuts d'un jeune diplomate qu'on pouvait croire dépourvu encore de l'expérience qui permet de résoudre une situation délicate et difficile. Lorsqu'il en prit connaissance, le comte d'Ormesson avait déjà vu par deux fois le ministre russe a qui M. Ternaux-Compans l'avait présenté. Dans la première de ces entrevues, les deux interlocuteurs s'étaient bornés à un échange de compliments et de banalités sur la politique générale, mais, dans la seconde, le chargé d'affaires avait fait allusion à l'objet de sa mission, et la réponse qu'il avait reçue lui prouvait que, tout en s'enfermant dans les limites de ses instructions, il pourrait être conduit par les circonstances plus loin qu'on ne le lui ordonnait et à prendre l'initiative d'une démarche plus accentuée que celle qui lui était prescrite. Il ne craignait pas les responsabilités. Un peu plus tard, il ne regrettera pas de les avoir assumées lorsqu'il entendra dans la bouche de Giers ces paroles qui font prévoir le succès à une échéance plus ou moins lointaine : « Attendez, patientez ; lorsqu'il sera temps, je vous ferai signe. »

En attendant mieux, M. d'Ormesson n'avait qu'à observer ce qui se passait autour de lui. Bientôt il était frappé par ce qu'il appelait la triple tendance du gouvernement impérial. En première ligne, c'était celle de l'Empereur, laquelle témoignait d'un mécontentement marqué, résultat de la tournure qu'avait prise la politique intérieure de la France. L'autre tendance était celle de ses conseillers, Giers entre autres. Ils souhaitaient l'apaisement et les bonnes relations avec la France aussi bien qu'avec l'Allemagne. Il y avait enfin celle d'une fraction considérable de la nation dont la presse, obligée à la soumission quant aux questions intérieures, mais beaucoup plus libre pour discuter la politique étrangère, se faisait l'interprète.

Dans ces milieux, l'arrivée du général Boulanger au ministère de la Guerre était considérée comme la preuve que la France songeait à une prochaine revanche et on le constatait avec une évidente satisfaction en multipliant des encouragements et des avances. Si les événements se compliquaient en Orient et si quelque incident surgissait du côté de la Bulgarie, suscitant de nouvelles difficultés avec l'Allemagne, la raison d'État l'emporterait dans les dispositions de l'Empereur : le besoin d'un rapprochement avec la France se ferait sentir et ce rapprochement se manifesterait par une reprise des relations diplomatiques nouvelles. Du reste, il n'était pas impossible qu'en dehors même de cette éventualité, les conseillers de l'Empereur l'amenassent doucement au même résultat ; mais, pour le moment, toute invitation, toute ouverture serait prématurée, sans chance de réussir, et préjudiciable aux intérêts de la République.

Telles étaient, au commencement d'août, les prévisions du comte d'Ormesson ; un mois plus tard, divers incidents venaient lui prouver qu'elles étaient fondées. Il apprenait à l'improviste que de Giers, appelé d'urgence à Péterhof, y avait été retenu par l'Empereur durant toute une journée. Etant lui-même à la veille de repartir pour aller assister à de grandes manœuvre s dans les environs de Brest-Litowsk, le souverain avait donné l'ordre à son ministre de l'y rejoindre sans délai. Giers n'avait donc pu s'entretenir que durant quelques minutes avec le chargé d'affaires de France, mais en réponse à ses questions il avait témoigné de ses bonnes dispositions et avoué spontanément que le rétablissement des relations diplomatiques sur l'ancien pied ne se ferait plus longtemps attendre. Il avait même invité l'ambassadeur Mohrenheim, qui faisait alors une saison d'eaux en Allemagne, à venir conférer avec lui, sa cure terminée. Bientôt après, Mohrenheim arrivait à Saint-Pétersbourg, très désireux de rentrer à Paris et de mettre un terme aune situation personnelle peu régulière, et résolu par conséquent à seconder avec énergie les efforts de M. de Giers. Il était maintenant évident que le dénouement attendu ne se ferait plus longtemps attendre.

On sait qu'il ne tarda pas à se produire et qu'au mois d'octobre le comte d'Ormesson eut la satisfaction d'annoncer à son gouvernement que l'Empereur avait donné l'ordre à Mohrenheim de rentrer à Paris et consentait à laisser revenir auprès de lui un ambassadeur de France. Ce résultat n'était pas dû seulement à la persévérance de Giers et à son habileté inspirée par les sentiments qu'il professait pour la France et dont à plusieurs reprises la diplomatie française a recueilli le témoignage, mais aussi à l'influence exercée sur l'Empereur par les événements qui se déroulaient en Europe et qui lui laissaient voir se liguer contre lui, et notamment de la part de l'Allemagne et de l'Autriche, des inimitiés qui s'étaient déjà manifestées contre la Russie au Congrès de Berlin. Devant la gravité des circonstances, il s'était décidé à sacrifier ses précédents griefs contre la France aux intérêts de son empire.

C'est ici le cas de faire remarquer que Laboulaye, durant toute sa mission, trouva chez M. de Giers un entier bon vouloir pour arriver aux fins qu'il s'était proposées. A Paris, Mohrenheim déploya le même zèle. Lorsqu'il avait pris possession de son poste, il venait de Copenhague où, durant plusieurs années, il avait représenté le gouvernement impérial ; il passait alors pour souhaiter le maintien d'une politique russo-allemande et lui-même ne le cachait pas. Ce n'était, avouait-il, ni par conviction ni par préférence, mais uniquement parce que tel était l'ordre de son maître. Maintenant les dispositions de celui-ci étant changées, il s'y conformerait, considérant qu'un ambassadeur est toujours tenu d'obéir et se disant heureux qu'en cette circonstance les ordres qu'il recevait s'accordassent avec ses goûts personnels. Giers affectait peut-être plus d'indépendance, mais en fait il agissait dans le même esprit, ce qui a pu faire supposer qu'il avait été d'abord le partisan d'une politique allemande. Au moment où nous sommes arrivés de ce récit, ils prouvaient l'un et l'autre qu'ils étaient particulièrement heureux de servir une politique qui de plus en plus rapprochait la Russie de la France.

II

La crise se dénouait aussi heureusement qu'elle pouvait l'être. Comme l'avait sagement prévu le comte d'Ormesson, les événements de Bulgarie aggravés par la démission du prince Alexandre de Battenberg et par ce que l'Empereur appelait l'ingratitude des Bulgares, — événements sur lesquels il n'y a pas lieu de revenir, — lui avaient fait comprendre la nécessité de se rapprocher de la France. Ce n'était pas la première fois et ce ne serait pas la dernière que sa conduite devait révéler le combat qui se livrait en lui lorsque la politique du gouvernement français se trouvait en contradiction avec les principes qu'il considérait comme indispensables à la bonne marche des peuples.

Quoi qu'il en soit, la crise dénouée et les relations diplomatiques entre Paris et Saint-Pétersbourg devant être rétablies sur l'ancien pied, il n'y avait plus qu'à désigner le personnage qui viendrait représenter en Russie le Gouvernement français. Pour ce qui est de la représentation de la Russie en France, il était entendu que le baron de Mohrenheim rejoindrait le poste qu'il n'avait quitté qu'à regret et auquel il avait hâte de retourner. Lorsque le comte d'Ormesson eut à s'entretenir avec Giers de cette question, il lui demanda tout d'abord si l'Empereur tenait à ce que l'ambassadeur qui serait accrédité auprès de lui fut un militaire.

« Nullement, déclara Giers ; les généraux Le Flô, Chanzy et Appert ont laissé ici de trop bons souvenirs, et Le Flô notamment, pour que Sa Majesté n'accueille pas en toute confiance un ambassadeur soldat. Je dois même vous dire que, si votre gouvernement était du même avis, l'Empereur serait heureux qu'on lui envoyât l'amiral Jauréguiberry. Sa Majesté s'intéresse passionnément aux choses de la marine, et il lui serait agréable d'avoir auprès d'elle un marin français. Mais, dans l'espèce, ce désir est conditionnel et ne constitue pas une préférence. Je vais même plus loin et, si nous avions à décider nous-mêmes, c'est sur un civil que se porterait notre choix.»

La déclaration était assez nette pour déterminer celui du Cabinet de Paris. Il fit choix de Paul de Laboulaye qui était alors ambassadeur de France à Madrid. Ce diplomate devait jouer à Saint-Pétersbourg un rôle si important qu'il est juste de dire qu'il a été l'artisan principal de l'alliance franco-russe, secondé d'ailleurs, il faut le reconnaître, par M. Flourens lorsque celui-ci fut devenu ministre des Affaires étrangères. Depuis cette époque, plusieurs de nos hommes d'Etat ont revendiqué le mérite d'avoir été les plus ardents à vouloir cette alliance. Le rôle du. Président Carnot, celui de Mme de Freycinet et Ribot et enfin celui du marquis de Montebello qui remplaça à Saint-Pétersbourg Paul de Laboulaye ont été considérables. Mais ces hommes éminents furent les ouvriers de la deuxième heure, et c'est Laboulaye qui leur avait préparé le terrain où le succès les attendait.

Au moment où il était rappelé de Madrid et désigné pour aller occuper en Russie la place laissée vacante par le général Appert, personne à Paris parmi les hommes politiques n'envisageait l'éventualité d'une alliance ferme avec la Russie. En 1875, le maréchal de Mac Mahon, le duc Decazes, le duc de Broglie, le comte de Chaudordy, l'avaient considérée comme nécessaire à l'équilibre européen. Mais leurs successeurs étaient encore loin d'y croire, et c'est du côté de l'Angleterre que le ministère Waddington avait cherché à en établir les bases, sans s'apercevoir, ainsi que cela résulte des décisions du Congrès de Berlin, qu'il faisait ainsi le jeu de l'Allemagne. Lorsque Gambetta, ayant pris le pouvoir au mois de décembre 1881, nomma le comte de Chaudordy ambassadeur en Russie, il lui dit : « Un rapprochement de la France et de la Itussie est à souhaiter, mais ce sera pour plus tard ; c'est un capital en réserve.» Quant au Président Grévy, il ne croyait pas que l'Alliance put devenir jamais une réalité. Laboulaye, à la veille de son départ, étant allé prendre congé de lui et lui ayant demandé s'il n'avait rien à faire dire à l'Empereur, s'attira cette réponse : « Absolument rien ; nous n'avons rien à en attendre.»

C'est l'opinion qu'il ne cessa d'exprimer jusqu'à la fin de sa présidence ; il la manifestait toutes les fois qu'on parlait devant lui de l'éventualité d'un rapprochement de la France avec le gouvernement impérial.

Entre temps, M. de Freycinet qui siégeait alors au quai d'Orsay, prévenu par le comte d'Ormesson des désirs de l'empereur Alexandre, avait dressé une liste de trois noms, afin de permettre au souverain de choisir lui-même ; mais il eut soin de mettre on tôle celui de Laboulaye, qui fut tout naturellement agréé. Le nouvel ambassadeur était assuré de recevoir en Russie le plus bienveillant accueil. Alors âgé de cinquante-trois ans, il avait fait dans la diplomatie une brillante carrière, au cours de laquelle, avant d'être nommé d'abord ministre en Portugal, puis ambassadeur à Madrid, il avait passé deux années à Saint-Pétersbourg comme premier secrétaire et a plusieurs reprises comme chargé d'affaires. Il était donc connu dans les sphères gouvernementales russes et y connaissait tout le monde. Je tiens de lui qu'en y revenant, il fut reçu comme un ami qu'on est heureux de retrouver. Le 25 novembre, il était admis à présenter à l'Empereur ses lettres de créance. En réponse aux paroles de bienvenue par lesquelles il était accueilli, il rappela le séjour qu'il avait fait autrefois dans la capitale russe et exprima l'espoir qu'il y trouverait de nouveau la bienveillance dont il avait été alors honoré. « Dans ce cas, ajouta-t-il, et surtout si la confiance de Votre Majesté soutient mes efforts, le succès de ma mission est assuré et j'aurai la joie d'entretenir et de resserrer les bonnes relations entre les deux pays. » — « Mon désir est égal au vôtre, s'écria vivement l'Empereur ; je souhaite d'avoir les meilleurs rapports avec la France. Les temps sont durs, des épreuves se préparent peut-être et il serait bien nécessaire que dans le cours de ces épreuves, la Russie pût compter sur la France comme la France sur la Russie. Malheureusement, vous subissez vous-mêmes des crises qui vous empêchent d'avoir de l'esprit de suite dans votre politique et qui ne permettent guère de marcher d'accord avec vous. Cela est bien regrettable, car il nous faudrait une France forte, nous avons besoin de vous et vous avez besoin de nous. J'espère que la France le comprendra. »

Cette espèce de remontrance s'acheva sur un accent de brusquerie, de reproche et de regret. Elle témoignait tout au moins d'une vue très claire des intérêts de la Russie, mais en même temps d'une certaine défiance à l'égard de la République. Piqué au vif par les paroles qu'il venait d'entendre, auxquelles il ne s'était pas attendu, Laboulaye s'inspirant des divers sentiments qui l'agitaient dans cette heure difficile où, de la réponse qu'il allait faire, dépendait peut-être le succès de sa mission, se laissa aller à une improvisation venue du cœur et qui, à la distance où nous sommes du jour où elle fut prononcée et à la lumière de tant d'événements survenus depuis, revêt une singulière éloquence.

« Sire, déclara-t-il, la France est une vieille nation ; elle a à résoudre à l'intérieur des problèmes difficiles ; elle le fait depuis bientôt seize ans, au milieu du plus grand ordre ; mais ce travail de reconstitution, tout pénible qu'il ait paru à certains moments, ne change rien à l'âme française ; elle est toujours la même, celle dont le souffle généreux a constamment animé depuis douze siècles le cours de l'histoire et qui, après ses malheurs, a toujours réagi. Il ne nous appartient pas de précipiter ses destins ; c'est une tâche qu'il faut laisser à la Providence, niais Votre Majesté me permettra de lui dire que nulle nation étrangère ne rencontre à l'heure actuelle en France plu » de sympathie que la Russie. »

Après cette sortie, il y eut un silence ; le Tsar restait rêveur, puis, comme si dans ce discours une phrase l'avait particulièrement frappé, il murmura : « C'est vrai, vous vous êtes toujours relevés. » Maintenant la glace était rompue ; passant du ton solennel au ton familier, l'Empereur parla du général Le Flô dont il garderait toujours le meilleur souvenir. Le général Appert fut aussi l'objet de ses éloges, mais sans qu'il fût lait aucune allusion aux incidents qui avaient suivi son départ. Laboulaye écrivait alors à Paris qu'il emportait de ce premier entretien la conviction qu'il avait un noble but à poursuivre et de grandes chances d'y parvenir par une constante application à vaincre les préventions du Tsar. Constatons en passant que c'est à M. de Freycinet qu'avait été fait par l'ambassadeur le compte rendu de cette suggestive conversation, mais que, quelques semaines plus tard, M. de Freycinet quittait le pouvoir et que le député Goblet qui lui succéda confia à M. Flourens le portefeuille des Affaires étrangères.

Durant le séjour que va faire au quai d'Orsay M. Flourens, nouveau venu dans la carrière diplomatique, et n'ayant exercé jusque-là que des fonctions administratives, la question de l'alliance franco-russe marchera à pas de géant, sinon dans l'esprit de l'Empereur, du moins dans l'opinion publique. Cette alliance, Laboulaye on quittant Paris ne la prévoyait pas ; ce fut seulement après la première audience que lui accorda l'Empereur qu'il en entrevit la possibilité. Mais, même à ce moment, il ne la croyait possible qu'à une échéance lointaine. Le peuple la voulait, mais l'Empereur n'y était pas encore préparé, bien qu'il fût visible que, de plus en plus, les circonstances tendaient à la lui imposer. Lorsque le nouvel ambassadeur de France débarquait à Saint-Pétersbourg, la politique impériale avait pour base une entente intime avec l'Allemagne et l'Autriche. A cette politique succédait maintenant celle des mains libres.

C'était au commencement de l'année 1887, à la veille du jour où l'alliance des trois Empereurs allait prendre fin et dès le mois de janvier la *Gazette de Moscou*, dirigée par Katkof, félicitait le gouvernement impérial d'y renoncer. « Les Français n'oublieront jamais 1870 ; les Russes se souviendront toujours du traité, de Berlin qui leur fait monter le rouge au front. Aucun ennemi avoué n'a lait autant de mal à la Russie que l'amitié allemande. »

Mais il s'en fallait de beaucoup, nous l'avons dit, que les dispositions de l'Empereur répondissent à ce vœu. A cette époque, elles peuvent se résumer comme suit : secouer le joug allemand, mais ne pas se lier par ailleurs et conserver son indépendance.

On a raconté que l'initiative de la rupture de l'alliance des trois empereurs avait été prise par l'Allemagne et contrairement au désir d'Alexandre. Cette version semble bien invraisemblable quand on se rappelle l'attitude du chancelier allemand et quand on le voit multiplier ses efforts pour retenir la Russie à ses côtés et la garder sous sa main. Il est évident qu'il veut ressaisir l'influence qu'il sent lui échapper. Il adresse au Cabinet de Saint-Pétersbourg ses sourires les plus engageants : « Je suis indifférent aux affaires d'Orient, insinuait-il. En Orient, en Bulgarie, faites ce que vous voudrez et laissez-moi libre en Occident. » Bientôt après, l'offre se précise. Le comte Pierre Schouvaloff, ancien ambassadeur de Russie à Londres, s'arrête à Berlin pour embrasser son frère qui s'y trouve en la même qualité auprès du gouvernement d'Allemagne. Il va voir Bismarck qui l'accueille par ces paroles : « Votre Empereur me croit donc fou qu'il suppose que je songe à me jeter sur la France ? » C'est à la mi-janvier qu'il le lui dit ; mais le mois suivant le générât Schweinitz, ambassadeur allemand à Saint-Pétersbourg, fait demander une audience à l'empereur Alexandre et lui annonce confidentiellement qu'il est chargé par son souverain d'interroger Sa Majesté sur le point de savoir « si Elle voudrait contribuer à la paix en s'engageant à rester neutre en cas de conflit entre l'Allemagne et la France. Elle pourrait alors faire en Orient tout ce qu'Elle voudrait et compter sur l'appui du Berlin pour résoudre la question bulgare.» La proposition ne trouble pas l'Empereur, bien qu'elle doive le surprendre. Il y répond par un refus bref et catégorique, soupçonnant peut-être que Guillaume Ier n'y est pour rien et qu'elle constitue simplement une manœuvre du chancelier, soupçon d'autant plus fondé qu'il n'ignore pas que l'Allemagne active ses préparatifs militaires, crée les cadres de nouveaux bataillons et les envoie en Alsace et en Lorraine comme pour provoquer la France.

D'ailleurs, a cette date, tout le monde comprenait que l'Europe entrait dans une phase nouvelle où la Russie pourrait jouer un rôle indépendant et la France reprendre ses droits de grande Puissance. Et comme l'édifice allemand avait reposé jusque-là sur une France affaiblie et sur une Russie absolument disposée à seconder la politique bismarckienne, la transformation qui commençait était l'objet d'une attention soutenue de la part de tous les gouvernements. Ils s'en inquiétaient plus particulièrement en constatant qu'en Serbie, en Bulgarie, en Roumanie, des protectorats nouveaux se substituaient à l'influence russe avec les encouragements de l'Allemagne et de l'Autriche. Ils remarquaient non sans surprise que la Russie arrêtée en 1878 à San Stefano était plus respectueuse des clauses du traité de Berlin, ourdi contre elle, que les gouvernements qui le lui avaient imposé.

Il semble alors que Bismarck est pris au dépourvu et qu'il s'irrite de son impuissance à conjurer les événements qu'il redoute. Tandis qu'il prépare la guerre contre la France, il ne cesse de protester de ses intentions pacifiques ; mais il n'empêche pas qu'un frémissement belliqueux agite toute l'Europe, convaincue qu'un conflit sur le Rhin serait le signal d'une conflagration générale. En Russie comme en Allemagne, en Autriche, en Hongrie, on redoublait d'activité dans les armements, des concentrations de troupes s'opéraient, la Belgique se fortifiait sur la Meuse. Seule la France restait immobile, elle dissimulait ses craintes sous une impassibilité voulue et, redoutant de paraître provocatrice, elle laissait sa frontière à découvert, se réservant de prendre au besoin, par la voie diplomatique, l'Europe à témoin de la loyauté de sa conduite et de la fausseté des griefs qu'on lui imputait.

En de telles circonstances, Laboulaye, laissé sans instructions spéciales, s'attachait à deviner ce que ferait la Russie, si la France était attaquée. Bien qu'il fût tenu à beaucoup de réserve, il tirait des propos de de Giers cette conclusion rassurante qu'en ce cas l'Empereur « dirait son mot. » Quand il communiqua cette réponse à M. Flourens, celui-ci trouva dangereuse l'action de l'ambassadeur. Si le langage du ministre russe était connu à Berlin et si Bismarck apprenait qu'il était dû à une démarche de la France, ne verrait-il pas dans ce fait une provocation ? Cette critique ne tint pas devant les explications de l'ambassadeur à qui M. Flourens, en prévision d'un péril qu'il voyait grandir, dicta lui-même une démarche nouvelle, plus pressante que la première et qu'il expliquait en disant dans son entourage infime : « Notre salut est dans les mains de Laboulaye. » Mais l'incident prouve tout au moins que, quelque désir qu'il eût de seconder la tâche de son ambassadeur, M. Flourens ne marchait qu'avec prudence dans la voie où s'engageait le gouvernement français. On en trouve d'ailleurs la preuve dans les précautions qu'il ne cessa de prendre pour empêcher le général Boulanger, ministre de la Guerre, de provoquer l'Allemagne par des démarches imprudentes.

Peut-être se rappellera-t-on que le général avait écrit en son nom personnel à l'empereur de Russie pour lui démontrer la nécessité d'un accord qui intimiderait le gouvernement de Berlin. M. Flourens en fut averti et, grâce à son intervention, la lettre ne partit pas, ce qui d'ailleurs, on doit le supposer, n'était pas pour déplaire au tsar Alexandre. Lorsqu'un peu plus tard, Boulanger, n'étant plus ministre, alla à Saint-Pétersbourg et fit demander une audience confidentielle à l'Empereur, celui-ci refusa de le recevoir seul.

« Qu'il se fasse présenter par son ambassadeur, » dit-il.

Mais ce n'est pas ce que voulait Boulanger. Il quitta la Russie sans avoir pu donner suite à son projet, qui consistait, il l'a avoué plus tard à quelques intimes, à ouvrir les yeux du Tsar sur les périls que faisait courir à la Russie la politique de Bismarck. Projet qui témoigne de l'ignorance en laquelle il était de l'état d'âme d'Alexandre III à cette époque.

Plus silencieux que communicatif, en même temps que, de plus en plus, il se détachait de l'Allemagne au point de vue politique, il affectait de redoubler d'attentions et de prévenances envers le vieux

Guillaume et affectait de se réjouir d'être payé de retour. Entre les deux familles, la correspondance reste affectueuse et la situation se caractérise par un échange incessant de bons procédés. Laboulaye le constate, mais il ne s'en inquiète pas parce que, dans ses entrevues avec Giers et lorsque plus rarement, il est reçu par l'Empereur, il acquiert la conviction que les rapports de la France avec la Russie ne peuvent que s'améliorer et porter d'heureux fruits.

III

Au cours de ces incidents, une tentative criminelle mit à l'improviste la police de Saint-Pétersbourg sur les traces d'un complot. Des avis venus de Paris, de Londres, de Berlin et de Rome, le lui avaient fait soupçonner, mais elle avait été longue à en trouver la trace et elle était littéralement sur les dents lorsqu'une dénonciation formelle lui livra les conspirateurs, le 13 mars, au jour anniversaire de l'assassinat d'Alexandre II et un dimanche. L'Empereur devait assister aux offices religieux à l'église de la Forteresse. Sur la, route qu'il devait parcourir on arrêta six jeunes gens porteurs d'engins de dynamite. A leur insu, ils étaient filés depuis quelques jours ; la police les avait vus se promener portant leurs engins sous le bras. L'un de ces engins avait la forme d'un livre relié avec cette inscription sur sa couverture : *Code des lois*. On les avait vus aussi compter le nombre de (tas qu'ils devraient faire au moment de lancer leurs projectiles. On avait conclu de ces imprudences qu'ils étaient des débutants dans le métier de conspirateurs et qu'assurément ils avaient des complices dans l'entourage de la cour, car, au jour et à l'heure qu'ils avaient choisis pour accomplir leur forfait, l'Empereur allait quitter le palais Anitchkof pour se rendre à la cathédrale.

Ils l'attendaient au passage en trois endroits différents, mais, avant qu'il ne passât, chacun d'eux était arrêté en des conditions qui rendaient impossible toute résistance. Si leur entreprise avait réussi, Alexandre III n'aurait pas été frappé seul, car il avait le grand-duc héritier Nicolas dans sa voiture. D'ailleurs, il ne connut la nouvelle qu'à son retour de l'église. L'Impératrice était restée à Gatchina et c'est par lui qu'elle fut avertie du péril que venaient de courir le père et le fils. Du procès qui suivit et où figuraient seize accusés, dont trois femmes, nous ne retiendrons que deux faits : le premier, sept condamnations à mort ; le second, l'effroi et la douleur dont la famille impériale fut saisie et qui eurent pour effet de l'éloigner de nouveau de la capitale. C'est le moment où elle devient à peu près invisible pour les habitants de Saint-Pétersbourg et où elle est gardée à Gatchina par un cordon de factionnaires placés de deux cents mètres en deux cents mètres.

Pour conjurer le mauvais effet que l'éloignement des souverains produit sur l'opinion, les familiers de la cour rappellent les habitudes de l'Empereur ; il aime à disparaître, à vivre parfois à l'écart des affaires, à parcourir sur son yacht les côtes de Finlande avec sa femme et ses enfants ; en ces instants, tout est suspendu, les ministres ne sachant où le prendre et enchantés de pouvoir se reposer. Mais en la circonstance actuelle, on ne tarde pas à savoir que son absence est due à une cause plus grave et, de nouveau, on s'inquiète de ce réveil du nihilisme. A cette occasion, le gouvernement impérial exprime sa reconnaissance au gouvernement de la République dont les avis ont contribué à la découverte de la conspiration. L'existence en avait été d'abord révélée en France où les nihilistes s'étaient réfugiés en assez grand nombre : « Nous prions votre gouvernement de ne pas les expulser, disait Giers à Laboulaye. A Paris, il est plus facile qu'ailleurs de les surveiller. »

Ainsi, une fois de plus, apparaissait l'impuissance du Gouvernement impérial à déjouer les effets de la propagande exercée contre l'Empereur et sa famille par le parti de destruction, dont les tentatives criminelles servaient dans la presse étrangère de prétexte à des appréciations exagérées et trop souvent malveillantes. Malheureusement, il y avait dans ses propos une part de vérité assez triste. C'était du moins le sentiment qu'inspiraient les arrestations constantes opérées en Russie en même temps que les précautions prises pour veiller à la sûreté de l'Empereur. Il venait de plus en plus rarement dans, la capitale et la nuit de Pâques, après les cérémonies religieuses accomplies suivant la tradition au Palais d'Hiver, la Cour était repartie à cinq heures du matin pour retourner à Gatchina.

Au cours de ces événements, le président Grévy, dans des circonstances non encore oubliées, fut obligé de quitter le pouvoir et remplacé par Carnot. Chargé de communiquer à l'Empereur le changement qui venait de s'opérer dans le Gouvernement français, Laboulaye fut reçu par Alexandre avec une bienveillance qui ne pouvait que le flatter. Giers lui avait dit : « Je suis sûr que nous n'aurons qu'à nous féliciter du choix excellent fait par le Congrès de Versailles. » Il reçut de l'Empereur un compliment analogue, puis l'Empereur l'ayant fait asseoir en face de son bureau, la conversation s'engagea sur des faits d'ordre général.

L'ambassadeur rappela qu'au printemps dernier, lors de l'affaire Schnæbelle et quand l'Allemagne accumulait des troupes sur les frontières françaises, l'intervention personnelle de l'Empereur avait conjuré le péril qui menaçait la France. Elle ne perdrait pas le souvenir de ce service et considérait le souverain à qui elle le devait, comme l'arbitre et le gardien de la paix de l'Europe. L'Empereur répondit qu'il était heureux des sentiments qui lui étaient exprimés :

« Je vois, déclara-t-il, dans la continuation des excellents rapports qui existent entre nous la meilleure garantie du maintien de la paix. Ils sont d'autant plus naturels que de réelles sympathies unissent les deux peuples. » Il ajouta que la Russie et la France étaient les seules Puissances qui fussent sincèrement attachées à la paix : « En dehors d'elles, il n'y a plus d'Europe. Mais le principe qui guide leur politique est le hon, puisqu'il repose sur le respect des traités. » L'accent de l'Empereur témoignait d'un désir de poursuivre l'entretien, et Laboulaye en profita pour toucher en passant à la seule question qui, à cette époque, divisât le gouvernement de la République et le gouvernement impérial : celle de la neutralisation du canal de Suez. La manière dont elle s'était réglée peu de temps avant dans une conférence internationale ne plaisait pas au souverain. Il estimait que la Russie avait été sacrifiée et il n'admettait pas que ce règlement fût définitif : « Nous avons le plus grand intérêt à ce que le canal reste ouvert à nos navires, il est actuellement le seul moyen de communication avec nos possessions d'Asie et vous n'avez pas assez tenu compte des observations que nous avions formulées à la conférence. »

Laboulaye s'efforça de justifier la décision prise et observa que, d'ailleurs, la porte restait ouverte à des arrangements ultérieurs. Le désaccord qui s'était élevé entre Saint-Pétersbourg et Paris ne présentait pas de gravité et offrait l'avantage de permettre un rapprochement très souhaitable entre la Russie et l'Angleterre, lequel ne pourrait que favoriser le rétablissement de l'équilibre européen.

La perspective de ce rapprochement ne parut pas plaire à l'Empereur, mais sa confiance dans ce qu'il appelait la bonne cause ne semblait pas ébranlée ; il était résolu à ne céder ni aux séductions ni aux menaces. Il ne croyait pas, avoua-t-il, que l'Allemagne prit l'initiative d'une guerre aussi longtemps que vivrait Guillaume Ier ; mais il était obligé de se mettre sur la défensive parce qu'il était moins certain que l'Autriche ne serait pas lancée contre lui. — « Nous sommes dans la même situation, répliqua Laboulaye, et si le prince de Bismarck n'est pas libre de nous attaquer directement, il peut très bien se servir d'une autre Puissance. » Alexandre garda le silence comme s'il eut réfléchi à ce qui venait de lui être dit ; puis, passant a un autre sujet, il demanda des renseignements sur la démission du président Grévy. Il trouvait fâcheux qu'un chef d'Etat, nommé pour un temps, eût été contraint de se retirer avant l'expiration de son mandat et une telle solution pouvait faire douter de la durée du régime en le montrant toujours plus ou moins soumis aux caprices des partis comme à la mobilité des Français.

« Sire, les Français ne sont pas des gens qu'il faut juger sur les apparences, observa l'ambassadeur. Il y a chez nous ce qu'on voit et ce qu'on ne voit pas. » — « Oui, je le sais, reprit l'Empereur. Il y a la nation qui travaille à côté de celle qui fait de la politique. Mais c'est égal, vous ferez bien de ne pas recommencer ce que vous venez de faire. A coup sûr, le départ de M. Grévy s'explique et le choix de M. Carnot ne laisse rien à désirer. Il n'y on a pas moins une brèche à votre Constitution. Si vous deviez faire de l'exception qui s'est produite une règle, ce serait un détestable principe.»

Nous avons insisté sur ces détails parce qu'ils démontrent la tendance persistante du souverain russe à se délier des institutions républicaines et que l'heure n'était pas encore venue où il reconnaîtrait que ces institutions, en admettant même qu'elles fussent fragiles, ne pouvaient empêcher un rapprochement solide et constant dû gouvernement de la République avec le gouvernement impérial.

La vérité que peut-être il ne s'avouait pas encore, c'est que la Russie récoltait ce qu'elle avait semé en laissant en 1870 les mains libres à l'Allemagne. L'effet le plus grave de cette politique s'était manifesté en 1879 par l'alliance entre Berlin et Vienne. Victorieuse, l'Allemagne avait voulu se prémunir contre une entente possible de la France et de la Russie. Bismarck y avait songé dès 1872, ainsi que le prouve la première tentative à laquelle il se livra à cette époque pour conclure une entente séparée avec le cabinet autrichien. Il avait préparé à cet effet une entrevue entre Guillaume Ier et François-Joseph, mais Alexandre II, prévenu secrètement, empêcha le tête-à-tête en annonçant sa visite. Pour que l'auguste réunion eut l'air de donner un résultat, on formula des principes vagues, une sorte de copie de la Sainte-Alliance, à laquelle du reste Gortchakof refusa d'adhérer, et c'est ainsi que le projet du chancelier avorta. Il y revint après la fameuse crise de 1875, mais quand il voulut y rallier Guillaume Ier, il se heurta aux sentiments que celui-ci nourrissait pour son neveu. Il lui eut été difficile d'oublier le télégramme qu'il lui avait adressé au lendemain de ses victoires : « Après Dieu, c'est à vous que je les dois, » Mais, depuis, le Congrès de Berlin avait creusé un fossé assez large pour que ces souvenirs y fussent enterrés, et, en 1879, au lendemain du Congrès, la Russie fut convaincue que l'Allemagne était devenue son ennemie intime, comme elle était pour la France l'ennemie héréditaire. Les mensonges du chancelier ne pouvaient rien contre cette vérité, et ce fut l'origine de la rupture de la Triple-Alliance dont nous avons parlé plus haut.

Au mois de février 1888, ces sentiments reprirent une force nouvelle lorsque fut publié le traité austro-allemand qui parut simultanément à Vienne et à Berlin. Il était connu, quoiqu'on en ignorât le texte, et n'apprenait rien à personne ; néanmoins, l'émotion fut vive à Saint-Pétersbourg ; la fibre patriotique était blessée, et à un bal de cour qui suivit cette divulgation, l'ambassadeur allemand fut moins entouré que de coutume. Les Russes s'indignaient en constatant que le traité avait été conclu au moment où, dans les trois capitales du Nord, on célébrait l'entente des trois empereurs comme un gage de paix et où cette entente était caractérisée par les entrevues de Kiemsier et de Skierniewicz où les souverains se donnaient la main.

On nous permettra de rappeler ici qu'en évoquant les souvenirs d'un passé où chaque incident de la politique internationale peut être considéré comme une étape sur le chemin de la guerre de 1914, nous n'avons pas eu la prétention d'écrire une histoire du règne d'Alexandre

III, mais seulement de mettre en lumière les circonstances révélatrices des desseins de l'Allemagne et les soupçons qu'ils inspiraient à l'avant-dernier des Romanoff. Ces soupçons, en effet, ont été les mobiles de ses décisions ultérieures et l'ont conduit d'abord à considérer la France comme la seule alliée sur laquelle il pût compter, et ensuite, à entrevoir la possibilité de faire de cette alliance l'armature d'une ligue défensive contre l'Allemagne. On n'attendra donc pas de nous que nous rappelions ici toutes les péripéties qui ont caractérisé l'année 1887 si féconde en événements importants ainsi qu'en transformations qui produisent l'effet d'un coup de théâtre et qui se répercutent sur les années suivantes. Ces événements, Paul de Laboulaye les a vus se dérouler ; il les a commentés, et lorsqu'on en examine aujourd'hui les conséquences, il faut reconnaître à sa louange qu'il s'est rarement trompé dans ses appréciations et ses commentaires.

Parmi ces événements, nous signalerons en passant la visite qu'Alexandre III, revenant de Copenhague pendant l'automne de 1887, fit à Postdam, et l'entrevue orageuse qu'il eut avec Bismarck qu'il accusa de jouer double jeu et de favoriser sous-main les pires ennemis de la Russie, tandis qu'il protestait de son attachement pour elle. Comme celui-ci protestait, l'Empereur d'un geste de colère lui présenta une lettre signée de Ferdinand de Cobourg, adressée à la comtesse de Flandre, sœur du roi des Belges, dans laquelle le nouveau prince de Bulgarie se flattait de l'appui secret du chancelier d'Allemagne. Si la lettre était authentique, elle prouvait que celui-ci, tandis qu'il blâmait publiquement les intrigues et les prétentions du futur tsar des Bulgares, lui avait promis de le soutenir. Bismarck indigné s'écria que le document était apocryphe et promit d'en fournir la preuve. Il est juste de reconnaître que l'authenticité n'a pu en être établie et qu'Alexandre se laissa convaincre par les protestations de son interlocuteur. De cet épisode sensationnel dont il ne reste à l'heure actuelle qu'un souvenir à demi effacé, il n'y a lieu de retenir que l'agitation qu'il provoqua dans toutes les chancelleries. Il a toujours été admis que si le document était l'œuvre d'un faussaire, les dispositions qu'il attribuait au chancelier exprimaient la vérité. C'est seulement à ce point de vue qu'il méritait d'être rappelé ici. Il complète, faux ou vrai, le dossier des intrigues de Bismarck contre la Russie, telles qu'elles se sont révélées depuis.

L'attention publique se détourna bientôt de cet incident par suite d'un événement qui ne surprit personne, car il était attendu, mais qui livra l'Europe aux appréhensions les plus vives. Au mois de mars 1888, Guillaume Ier rendait l'âme, et son fils lui succédait sous le nom de Frédéric III. Ce prince n'était déjà qu'un moribond. Son règne ne devait être qu'un interrègne et, quelques semaines plus tard, la couronne d'Allemagne allait passer sur la tête du jeune Guillaume qui devait être un jour l'artisan de la ruine de son empire. On prévoyait déjà que si, pour gouverner l'Allemagne, il ne s'inspirait que de lui-même, il attirerait sur elle des désastres ; mais on espérait que Bismarck, qui se flattait de posséder sa confiance, lui servirait de frein, au moins pendant les premières années de son règne ; et que, sous cette influence, il s'assagirait.

On voit à ce moment entrer en scène un autre personnage à qui l'avenir réservait, sous d'autres formes, un destin non moins tragique. C'était le futur

Nicolas II. Il avait alors vingt ans et relégué jusqu'à ce jour dans l'ombre, sous l'uniforme de lieutenant dans la Garde par la volonté de ses parents, il apparaissait pour la première fois au grand jour sur la scène du monde. Son père l'avait envoyé à Berlin pour assister aux obsèques de l'Empereur défunt. Il s'y rencontra avec l'archiduc Rodolphe, héritier de la couronne d'Autriche, et qui devait lui aussi périr tragiquement. Les obscurités de l'avenir voilaient encore ces événements, et personne ne les prévoyait tels qu'ils se sont produits trente ans après. La présence du jeune Nicolas aux obsèques de l'Empereur défunt eut même pour effet de détendre les rapports difficultueux qui existaient entre Berlin et Saint-Pétersbourg ; on considérait qu'en dehors du désir d'Alexandre III de rendre à la mémoire du monarque qui disparaissait l'hommage qui lui était dû, le voyage à Berlin de l'héritier du trône de Russie témoignait que les lions d'étroite amitié et de confiance mutuelle qui unissaient de longue date les deux maisons régnantes et auxquels l'empereur Guillaume était resté fidèle jusqu'au bout, se maintiendraient non moins fermes sous son successeur. On racontait qu'au moment d'expirer, il avait dit à son petit-fils : « Montre-toi prévenant à l'égard de l'empereur de Russie, cela ne peut que faire du bien. »

Au mois de juillet, l'empereur Guillaume II vint rendre visite à Alexandre III et le remercier d'avoir envoyé son fils à Berlin pour le représenter aux obsèques. Il n'y avait là du reste qu'un témoignage de cordialité, sans portée politique ; Giers le reconnaissait, mais il ajoutait : « Nous devons y applaudir quand même, parce que l'empereur Alexandre dont les sympathies pour la France ne sont pas diminuées, serait mieux en mesure d'intervenir utilement si survenaient entre l'Allemagne et la France de nouveaux incidents qui pourraient prendre de la gravité. » Les rapports entre les deux cours conservaient donc encore une physionomie rassurante et devaient la conserver longtemps encore. En septembre 1889, Alexandre III fournissait publiquement la preuve qu'il n'y voulait rien changer. Il arrivait à Postdam et y était reçu fraternellement, se prêtant avec un empressement évident à tous les témoignages affectueux que lui prodiguait son impérial cousin. C'est ainsi, par exemple, qu'un matin Guillaume II lui ayant proposé de lui servir d'aide de camp pendant son séjour en Allemagne, il accepta à la condition que lui-même remplirait le même rôle lorsque Guillaume viendrait en Russie et reçut de ses mains un chiffre ayant appartenu à Guillaume Ier, qu'il promit de porter toutes les fois qu'il revêtirait un uniforme allemand.

Quand on a pu pénétrer, à la clarté des événements postérieurs, dans les dessous de la politique allemande à cette époque et dans la mentalité des deux souverains, on ne peut se défendre de considérer ces échanges de politesse comme des traits de haute comédie et d'en sourire, surtout lorsqu'on recueille au passage des preuves du réel état d'esprit du Tsar. On lit dans une lettre écrite de Postdam, pendant qu'Alexandre y résidait :

« La Russie n'est pas satisfaite de l'état de choses actuel. Mais ses relations avec l'Allemagne, — relations politiques, s'entend, — ont pris une tournure plus mauvaise que ne le comportent les conditions matérielles de leur politique. On a le sentiment d'une humeur qui trouble, aigrit les questions et n'a pas sa racine dans la nature des choses. A cet égard un échange d'idées franc et loyal peut produire quelque apaisement et quelque adoucissement. Mais un souverain représente a un si haut point le peuple qui lui est soumis que les bonnes dispositions du Tsar ne peuvent faire oublier que l'empire et le peuple nourrissent une haine puissante contre tout ce qui est Allemand. »

A citer encore ce jugement que la visite d'Alexandre à Berlin inspirait à la presse moscovite. Elle rappelait les fautes commises par les Romanoff depuis plus d'un demi-siècle dans leurs rapports avec la Prusse, l'hommage sentimental rendu par Alexandre Ier au tombeau de Frédéric II, le pire ennemi de la Russie, la liberté laissée à Guillaume Ier de ruiner le Danemark qui tenait les clefs de la Baltique, de vaincre l'Autriche et la France, rompant ainsi l'équilibre européen sans autre profit que d'entretenir quelques vaisseaux dans la Mer Noire. En favorisant la prédominance de la Prusse en Allemagne, les tsars avaient oublié le principe élémentaire de la politique qui consiste à empêcher les petits États qui vous entourent de devenir grands, et les grands de devenir encore plus grands.

Ces considérations n'étaient que trop fondées et les fautes qu'elles relèvent d'autant plus évidentes pour les Français que l'empereur Napoléon III en avait commis une non moins grave après Sadowa, en laissant la Prusse imposer à l'Autriche le traité de Prague. Alexandre III se rendait-il compte de celles de ses prédécesseurs et se proposait-il de les réparer ? Il est difficile de ne pas le croire, car plus on regarde à sa politique et plus on est entraîné à se convaincre, malgré les hésitations et les contradictions qu'elle présente, que c'est contre l'Allemagne qu'elle est dirigée et que, lorsqu'il s'alliera à la France, c'est parce qu'il voit en elle la seule collaboratrice capable de lui donner la force de se défendre contre les ambitions qu'il redoute, de maintenir la paix aussi longtemps qu'il le pourra et, s'il est contraint d'y renoncer, de friser la puissance malfaisante qui la trouble.

Mais ce ne sont encore là que des péripéties en perspective, des visions lointaines qui ne se réaliseront peut-être jamais. On les prévoit sans désespérer de les conjurer. L'année 1890 s'ouvre sous des auspices de paix. Bismarck est en disgrâce et après sa chute paraissent s'arrêter les efforts de l'Allemagne pour mettre la France et la Russie en défiance l'une de l'autre. Guillaume II paraît ne s'inquiéter que des progrès du socialisme et ne se préoccuper que des moyens de les combattre. La paix est tellement en l'air que les inventeurs et propagateurs de nouvelles alarmantes n'osent plus exercer leur métier.

Chapitre III
Les dernières années d'Alexandre III (1890-1894)

I

Au début de 1890, les relations de Berlin avec Saint-Pétersbourg conservaient leur caractère de cordialité ; mais celles de la République française avec le gouvernement russe étaient devenues plus confiantes, grâce aux efforts persévérants de Laboulaye. La France est nécessaire à l'équilibre européen, lui disait Giers ; mon souverain en est si convaincu qu'il s'est toujours inspiré de cette nécessité dans ses rapports avec l'Allemagne. Il en sera dans l'avenir comme dans le passé.» C'était le triomphe de la politique de paix fondée sur le rapprochement de la France avec la Russie.

Le Cabinet de Paris était animé de la même conviction que le gouvernement impérial. Il venait encore une fois de se transformer. Le 17 mars, M. de Freycinet, tout en conservant le portefeuille de la Guerre qu'il détenait dans le ministère précédent, avait repris la présidence du Conseil et appelé M. Ribot au quai d'Orsay, où, dans les cinq dernières années, huit titulaires s'étaient succédés, sans pouvoir s'y maintenir au-delà de quelques mois. Désormais l'Alliance franco-russe aura dans le gouvernement français des partisans résolus, avec, à leur tête, le président Carnot. Au mois de mai, l'Empereur ayant exprimé à Laboulaye l'espoir de voir la confiance rester la base des relations entre la France et la Russie, l'ambassadeur est chargé de lui déclarer que cet espoir répond entièrement aux sentiments de Carnot et aux intentions de ses ministres. Ce langage, non moins que celui du Tsar, constitue la preuve qu'au cours des deux années précédentes, la situation entre les deux pays s'est sensiblement améliorée, période heureuse où les rares causes de mécontentement oui été facilement dissipées par suite des services que la France avait rendus à la Russie, et en prévision de ceux qu'elle lui rendrait encore en l'aidant à secouer le joug financier de l'Allemagne, à conjurer les effets de la campagne entreprise contre les valeurs russes par la Bourse de Berlin, et ensuite en contribuant pour une large part à l'amélioration de son organisation militaire.

Parmi les motifs de mécontentement, il y avait eu, en 1889, l'affaire Atchinof, qui causa quelque émoi dans les chancelleries quand elle se produisit. Cet Atchinof, un Cosaque, se proposant d'entreprendre une active propagande de la religion grecque orthodoxe et de l'influence russe en Abyssinie, avait recruté à cet effet quelques popes, leurs femmes et leurs enfants. Le 18 janvier, il débarquait avec son monde, sous le drapeau commercial russe, à Sagallo, sur un territoire soumis au protectorat de la France. Ses compagnons étaient armés de quatre-vingts fusils à répétition et d'une mitrailleuse. Le gouverneur dut lui signifier que des armes ne pouvaient être introduites dans nos possessions. Atchinof refusa de reconnaître notre autorité, en alléguant, d'une part, que ce territoire lui avait été cédé en toute souveraineté par le sultan de Tadjourah, et, d'autre part, que la mission qu'il remplissait lui avait été confiée directement par le Tsar. Sur ces deux points, il ne disait pas la vérité, et le gouvernement russe, en réponse aux questions que nous lui avions posées, infligea à ces assertions un démenti formel, en déclarant officiellement qu'il se désintéressait de cette entreprise.

C'était le ministre Goblet qui dirigeait à Paris la politique étrangère ; il eut le tort de ne tenir compte en cette circonstance que de notre droit, et, ardent à le faire respecter, d'oublier combien sont promptes à s'éveiller les susceptibilités religieuses du peuple russe. L'amiral Olry, qui commandait dans ces parages, reçut l'ordre de déloger la mission, en employant au besoin la force, et chargea de l'exécution le coin mandant Véron, qui ne pouvait qu'obéir. Le 17 février, après avoir envoyé un ultimatum « à Atchinof et n'ayant pas reçu de réponse, cet officier lança sur Sagallo des obus qui tuèrent des femmes et des enfants. Ce malheur, qui, avec un peu plus de modération et de prudence, aurait été évité, eut par toute la Russie un bruyant retentissement.

C'est de la bouche même de l'Empereur, à un bal de cour, que Laboulaye en reçut la nouvelle ; il n'eut aucune peine à démontrer que ce déplorable événement était le résultat d'un malentendu, et l'Empereur parut se contenter de cette explication, ne méconnaissant pas qu'en cette affaire la principale responsabilité devait être attribuée à l'auteur de l'entreprise plus encore qu'aux autorités françaises qui n'auraient pu tolérer qu'elle fut exécutée jusqu'au bout. Il avoua même qu'Atchinof n'était qu'un aventurier : « Par ses mensonges, il a indignement trompé ses compagnons. Un officier que j'avais chargé d'aller le mettre à la raison devait partir demain. Maintenant c'est trop tard. C'est de Constantinople que j'enverrai quelqu'un pour rapatrier ces malheureux. » Malgré cette réponse conciliante, il laissa la presse russe accuser les marins de la République d'avoir manqué de prévoyance et d'humanité. Il fallut, pour mettre un terme à cette campagne, une communication officielle du gouvernement impérial, présentant l'affaire en des termes propres à diminuer ce que l'opinion appelait les torts de la France. L'incident s'oublia, mais le ressentiment national ne se serait pas aussi vite dissipé si, dans le bombardement, des popes avaient péri ; heureusement, tous avaient eu la vie sauve, ce qui facilita l'apaisement. Au surplus, les Russes comprirent bientôt que ce n'était pas le moment de se brouiller avec la France. Outre qu'elle facilitait leurs emprunts, exerçait une active surveillance sur les nihilistes réfugiés sur le territoire de la République, l'état de l'Europe imposait à l'Empire des Tsars l'impérieuse nécessité de maintenir l'entente qui de plus en plus se créait entre les deux pays.

Depuis que l'Autriche, expulsée de l'Allemagne et de l'Italie, n'avait d'autre champ pour sa politique que l'Orient et les Balkans, l'antagonisme dans lequel cette situation la plaçait vis-à-vis de la Russie, qui ne pouvait permettre la création d'un second Empire slave, divisait forcément l'Europe en deux camps. On ne pouvait être à la fois l'allié de la Russie et l'allié de l'Autriche. Bismarck, malgré tout son savoir-faire, n'était pas parvenu à rapprocher les deux Empires : tous ses efforts s'étaient brisés le jour où Alexandre III avait compris qu'en acceptant les combinaisons du chancelier, il ferait les affaires de l'Allemagne, mais non les siennes. Là où Bismarck avait échoué, son successeur, le comte de Caprivi, pourrait-il réussir ? On ne le croyait pas. Sa loyauté militaire et les habitudes de son esprit le mettaient hors d'état de jouer un rôle machiavélique... Il avait dit un jour : « Je n'abandonnerai pas l'Autriche et je ne tromperai pas la Russie. » Donc, deux camps existaient et Alexandre se serait trouvé seul dans le sien s'il n'avait eu la France à son côté. Il s'en rendait compte avec une fermeté et une prévoyance révélatrices de la transformation que dix ans de pouvoir avaient opérée dans son esprit. Ce qui prouve que ce n'est pas à la légère qu'il a pris ces résolutions, c'est l'opinion qu'il exprimera à Laboulaye, en 1891, à la veille du jour où se concluera l'alliance.

« Il y a des gens, observe-t-il, pour s'étonner que la Russie qui représente le principe monarchique, soit en termes amicaux avec la République Française ; mais je ne suis pas de leur avis. D'abord, votre régime est devenu très convenable, de même que votre Président est très honorable. Et puis, je ne vois pas comment ils seraient remplacés ; la France est satisfaite de ses institutions et n'a pas envie d'en changer. Il n'y a rien à dire qu'à lui souhaiter la stabilité ministérielle qui lui manque encore.» Voilà certes des déclarations bien inattendues dans la bouche qui les formule et lorsqu'on se rappelle les préventions, les préjugés, les défiances d'Alexandre III envers la forme républicaine, on ne peut qu'être surpris de le voir reconnaître que les mérites ou les défauts d'un gouvernement résultent moins de sa forme que des principes dont il s'inspire.

La conversion d'Alexandre était d'ailleurs de fraîche date, car l'année précédente, étant à Berlin, il disait non sans amertume à Jules Herbette, ambassadeur de France en Allemagne : « Il faut souhaiter qu'il y ait chez vous dorénavant moins d'instabilité ministérielle et de divisions de partis.» — « Sire, avait répliqué Herbette, la préoccupation persévérante de reconstituer nos forces militaires est toujours restée au-dessus des compétitions et des variations politiques.» — « C'est vrai, mais cela ne suffit pas.» Quelques mois plus tard, il n'est plus aussi exigeant. C'est que tout, dans son entourage, a contribué à l'entraîner de plus en plus vers la République Française en dehors même des circonstances qui lui ont montré de quel prix serait pour lui un rapprochement avec elle.

S'il consulte Giers, celui-ci lui avoue qu'il ne voit rien qui creuse un fossé entre les deux pays. « Nous devons, dit-il à l'Empereur, nous réjouir de l'état de la France, de l'esprit de plus en plus modéré de ses institutions. » En répétant ces propos à Laboulaye, il ajoute : « S'il n'y a rien de signé entre nous, c'est tout comme. » L'Ambassadeur constate à cette occasion que la France et la Russie, malgré les efforts de l'Allemagne pour les séparer, ne cessent de resserrer les liens qu'elle voudrait briser. Il constate encore que rien de ce qui se passe en France n'est indifférent à la Russie. Partout éclate et s'affirme la sympathie qu'elle ressent pour la nation française. Il fait remarquer que toute trace de théâtre allemand a disparu de Saint-Pétersbourg et que les trois scènes de la capitale sont occupées par des troupes françaises. Il n'est pas étonnant que dans cette atmosphère la mentalité de l'Empereur se soit modifiée et d'autant plus que le gouvernement de la République se prodigue pour lui être agréable et utile.

A cette date, Alexandre a décidé que son fils le grand-duc héritier Nicolas partira avec son frère cadet le grand-duc Georges, au mois d'octobre suivant, pour faire le tour du monde. Aussitôt des ordres sont donnés de Paris pour que dans les possessions françaises par où passeront les jeunes princes, il soit fait envers eux assaut d'égards, de prévenances et de soins. Lorsqu'un peu plus tard, la santé précaire du cadet l'oblige à interrompre son voyage et lorsque les médecins conseillent pour lui un hivernage à Alger, ses parents sont assurés que, pendant son séjour dans notre grande colonie, aucune marque de sollicitude ne lui fera défaut. Au commencement de janvier, les mêmes témoignages se renouvellent à l'occasion de la mort du prince Nicolas de Leuchtenberg. Laboulaye apporte aux souverains les condoléances du gouvernement de la République, en rappelant que le défunt était le petit-fils d'Eugène de Beauharnais. Mais ce ne sont là que des démonstrations de courtoisie qui prouvent avec quel intérêt la France suit les événements de Russie.

Elle lui rend des services plus positifs. Elle tient déjà depuis plusieurs mois sous la surveillance la plus active les nihilistes qui, ayant fui le territoire impérial, sont venus chercher un asile à Paris. A l'improviste, en mars 1890, le ministre de l'Intérieur Constans est averti par sa police que ces incorrigibles conspirateurs se livrent secrètement à la fabrication d'engins explosifs avec l'intention d'aller les utiliser contre le tsar. Un matin, l'Ambassadeur impérial Mohrenheim arrive tout ému chez le ministre, lui confirme ce renseignement, lui révèle même que quelques-uns de ces engins sont enterrés dans le Bois de Boulogne, en attendant que les conspirateurs puissent les transporter à Saint-Pétersbourg, ce qu'ils espèrent pouvoir faire prochainement.

On était alors au mois de mai ; le président Carnot allait partir pour une tournée dans l'Est et dans le Midi. Le départ était fixé au 21 et le ministre de l'Intérieur devait accompagner le chef de l'État : « Mais votre éloignement, mon cher ministre, dit avec inquiétude l'ambassadeur, n'entrainera-t-il pas un relâchement dans la surveillance ? Ces malfaiteurs n'en profiteront-ils pas pour s'enfuir et pour réaliser leurs criminels projets ? — Rassurez-vous, je les connais tous ; aucun d'eux ne peut échapper. Mais il convient d'attendre pour les arrêter qu'on puisse les prendre en flagrant délit de fabrication et saisir leurs engins en même temps que leurs personnes. Tout ce qui doit être fait sera fait en temps utile. »

Le 26, alors que Constans n'était pas encore de retour, il y eut à l'ambassade de Russie une nouvelle alerte. Mohrenheim arrivait tout effaré chez M. Ribot, ministre des Affaires étrangères, et lui faisait part de ses nouvelles craintes. M. Ribot s'empressait de les transmettre à Constans qui, de Chaumont où il se trouvait alors, écrivait : « Je veux être à Paris quand ils seront arrêtés afin, s'il se produisait des interpellations à la Chambre, de pouvoir y répondre. Mais j'y serai demain dans la soirée. Qu'on prépare tout pour procéder aussitôt aux arrestations. »

Les choses se passèrent ainsi qu'il l'avait ordonné, et le 29, au lever du jour, toute la bande était sous les verrous ; ses papiers étaient saisis en même temps que les instruments meurtriers qu'elle avait fabriqués et dont les expériences auxquelles ils furent soumis dans les bois de Meudon produisirent des effets foudroyants. De tous les services que nous avions déjà rendus à la Russie, c'est peut-être celui dont Alexandre III se montra le plus reconnaissant. Il le dit à Laboulaye, avec une effusion qui ne permettait pas de mettre en doute sa sincérité.

Ainsi ce n'était pas seulement l'intérêt qui, de plus en plus, le rapprochait de la France ; c'était aussi la gratitude et, dans une âme comme la sienne, ce lien sentimental n'était pas le moins fort ni le plus facile à briser.

Cette gratitude ne tarda pas à se manifester par l'empressement qu'il mit à répondre à un désir exprimé par le gouvernement français. Des grandes manœuvres des troupes russes devaient avoir lieu aux environs de Varsovie à, une date prochaine. Deux armées se rencontreraient, commandées l'une par le général Gourko, l'autre par le général Dragomiroff ; Guillaume II, avec une suite nombreuse, devait assister à ces opérations auxquelles aucun étranger, si ce n'est ses officiers, n'avait été convié. Laboulaye fut chargé de demander qu'exception fût faite pour le général de Boisdeffre, ancien attaché militaire à Saint-Pétersbourg et maintenant chef de l'Etat-major. La réponse ne se fit pas attendre ; l'autorisation fut accordée avec un empressement qui en doublait le prix.

Les manœuvres avaient été fixées à la seconde quinzaine d'août ; les troupes qui devaient y prendre part étaient concentrées à Tsarkoé-Sélo ; le 13, le camp fut levé après une bénédiction solennelle des drapeaux, et les troupes partirent pour Narva. Les empereurs Alexandre et Guillaume les suivirent de près, le souverain allemand accompagné de son frère le prince Henri de Prusse, du prince Adalbert de Saxe-Altenbourg, du chancelier de Caprivi, du comte d'Eulenbourg, des généraux von Hahnke et de Wittich et du conseiller Lecanus. Le général de Boisdeffre et ses aides-de-camp figuraient dans l'escorte du Tsar. Guillaume s'y rapprocha de lui et parut se plaire à l'entretenir des questions qui pouvaient les intéresser l'un et l'autre ; mais c'est surtout de la part d'Alexandre qu'il fut l'objet d'attentions particulières, ce qui ne fut pas agréable aux Allemands, D'autre part, et presque au même moment, s'ouvraient secrètement entre Paris et Saint-Pétersbourg les premières négociations qui, à trois ans de là, devaient aboutir à l'alliance franco-russe. Déjà elles avaient eu un prologue. Peu de jours après la constitution du ministère où M. de Freycinet avait pris la présidence du Conseil et conservé le portefeuille du la Guerre, l'ambassadeur de Russie avait fait auprès de lui une démarche officieuse et secrète à l'effet de savoir si le gouvernement français serait disposé à faire fabriquer des fusils pour le compte du gouvernement impérial dans sa manufacture d'armes de Châtellerault.

La réponse ayant été aussi favorable que rapide, on ne tarda pas à s'entendre, ce qui donnait lieu pour la suite aux rapports les plus cordiaux entre les Etats-majors des deux pays ; ces rapports devaient rester longtemps dans l'ombre, mais ceux qui les connaissaient voyaient sans appréhension les efforts multiples de Guillaume II pour maintenir entre lui et l'empereur Alexandre la cordialité au moins apparente, sous laquelle l'un et l'autre dissimulaient plus ou moins leurs véritables sentiments. Ceux d'Alexandre devenaient de jour en jour plus précis et plus nets, comme si des scrupules de sa conscience, de ses perplexités et de ses hésitations, se fût élevée peu à peu une lumière plus vive qui lui montrait maintenant où était le véritable intérêt de son empire. Il est vrai qu'à défaut de cette lumière, les événements tendaient de plus en plus à cette démonstration. L'alliance austro-allemande dans laquelle les ténébreux calculs de Bismarck et les ambitions néfastes de Crispi étaient parvenus à introduire l'Italie, expirait au mois de juin 1891 et, dès le mois de mars, on avait acquis l'assurance dans les gouvernements européens qu'elle serait renouvelée.

Puis, se produisait tout à coup un incident qui, sans doute, ne résultait que d'un désir exprimé par l'impératrice-douairière d'Allemagne, veuve de Frédéric III, mais qui pouvait être interprété comme une provocation de son fils susceptible de déchaîner la guerre entre l'Empire et la République française.

A l'improviste, dans la seconde quinzaine de février, elle arrivait à Paris, incognito soi-disant, mais en de telles conditions que presque aussitôt sa présence n'était plus ignorée. Les détails de l'événement ont fait trop de bruit et sont encore trop présents à toutes les mémoires pour qu'il soit nécessaire de les rappeler ici. L'ambassadeur Mohrenheim en avait été le témoin et en envoya à de Giers un récit circonstancié. Son rapport lui valut la réponse suivante du ministre russe :

« Nous avons pris connaissance avec le plus vif intérêt des détails que vous nous avez donnés sur les incidents de ce voyage plus osé que sage et dont le but était facile à deviner. La conduite du gouvernement français a été on ne peut plus correcte et on ne peut plus courtoise ; ce voyage ne pouvait amener qu'un froissement de plus entre les deux pays en réveillant d'un côté des souvenirs douloureux et en causant de l'autre une blessure d'amour-propre. »

De Giers, qui n'ignorait pas que Guillaume II avait ordonné les mesures préparatoires de la mobilisation, prêt à franchir la frontière si sa mère était l'objet de quelque avanie, exprimait l'espoir que ce nuage se dissiperait et que les mesures prises par l'empereur Guillaume ne seraient pas de longue durée. Il ajoutait ensuite : « L'entente cordiale qui s'est établie si heureusement entre la France et la Russie est la meilleure garantie de la paix. Tandis que la Triple Alliance se ruine en armements, l'accord intime des deux pays est nécessaire pour maintenir en Europe une juste pondération des forces.»

Au reçu de cette lettre qui arriva le 8 mars à Mohreinheim, il l'apporta tout courant au ministère des affaires étrangères ! Il n'avait pas voulu, dit-il à M. Ribot, attendre jusqu'au mercredi suivant, jour de la réception diplomatique, pour lui donner connaissance de ces déclarations d'une si grande importance dans les circonstances présentes. Il lui fit remarquer que jamais le gouvernement russe n'avait parlé avec autant de netteté : « L'accord entre les deux pays est maintenant solide comme du granit.»

Il n'en est pas moins certain, que la paix du monde avait été en péril. L'impératrice devait quitter Paris le 27 février pour se rendre en Angleterre, et déjà une légion de patriotes s'était donné rendez-vous à la gare du Nord, résolue à manifester. M. de Freycinet dans ses souvenirs dit avec raison que si les cris injurieux qui avaient salué l'arrivée du roi d'Espagne à Paris en 1883, s'étaient renouvelés, on serait entré dans l'irréparable. Ce danger fut conjuré par les dispositions que prit le gouvernement français. Le train impérial qui devait se mettre en route à onze heures du matin, partit à dix heures et quand les manifestants se présentèrent devant la gare, il était trop tard pour qu'ils pussent réaliser leur dessein. Lorsque Guillaume en eut reçu l'assurance, il contremanda les préparatifs qu'il avait ordonnés ; on n'a jamais su s'il l'avait fait avec satisfaction ou avec regret. L'Entente franco-russe sortait de cette épreuve plus forte que jamais et c'était peut-être le cas d'écrire comme le faisait un diplomate : « A quelque chose, malheur est bon. »

Peu de jours après, Alexandre signait un décret qui conférait au président Carnot la grand-croix de Saint-André, la plus haute des distinctions honorifiques de l'Empire, à laquelle était attaché le privilège d'autoriser ceux à qui elle est accordée à porter toutes les autres. Il y avait déjà quelque temps que, sur l'initiative prise par Laboulaye, une négociation s'était ouverte sur cet objet à l'insu du Président de la République. L'Empereur s'y était immédiatement montré favorable et l'exécution de sa promesse était considérée comme prochaine : « Ce sera le couronnement de ma carrière en Russie, » disait Laboulaye à Giers. L'accomplissement de cette promesse, après les incidents auxquels avait donné lieu la présence à Paris de l'Impératrice douairière d'Allemagne, prenait un caractère tout particulier de sympathie, de confiance et d'union.

II

A ce moment, aboutissait une autre négociation, entreprise par M. de Freycinet et par Barbey, ministre de la marine, et dont Laboulaye s'était fait l'intermédiaire à Saint-Pétersbourg. Il était chargé de demander au gouvernement impérial si l'envoi de notre escadre au Nord dans la Baltique lui serait agréable et agréerait à la marine impériale en la mettant en rapports avec la marine française. L'offre avait été acceptée sur-le-champ, mais l'exécution remise à une époque relativement éloignée. Le jour où Laboulaye alla porter à l'Empereur les remerciements du président Carnot pour la croix de Saint-André, Alexandre lui déclara spontanément qu'il serait heureux de voir l'escadre du Nord mouiller dans la Baltique et s'arrêter sur les côtes de Russie ainsi que le lui avait proposé notre gouvernement. Il indiqua la fin de juillet comme la date qui lui serait la plus agréable car c'était celle de la fête de l'Impératrice qui tombait le 3 août. Il en était bientôt convenu ainsi. Jamais témoignages de confiance et d'amitié ne s'étaient prodigués de la part du gouvernement russe avec autant d'abondance et de bonne grâce ; mais ils étaient loin d'être épuisés ; d'autres devaient suivre et prouver combien le Tsar maintenant attachait de prix à l'entente devant laquelle il avait si longtemps hésité.

A la fin du mois d'août 1890, le général de Boisdeffre, après avoir passé quinze jours au camp de Tsarkoe-Sélo et assisté aux manœuvres de Narva, était au moment de rentrer à Paris. Les impressions qu'il rapportait de son séjour auprès d'Alexandre III et de Guillaume II justifiaient amplement le conseil donné par Laboulaye au gouvernement de la République d'insister pour obtenir du gouvernement russe la présence du général de Boisdeffre à ces manœuvres. Mais il souhaitait davantage et croyait que l'heure était venue où le rapprochement de la France et de la Russie qui, après avoir longtemps paru une illusion, se fortifiait peu à peu, devait prendre une forme plus décisive et plus active : « Après les bons procédés par lesquels nous facilitons l'armement de l'infanterie russe, écrivait Laboulaye, il n'y a plus, semble-t-il, qu'un pas à faire pour entrer dans la place. »

C'était aussi l'opinion du général de Boisdeffre. Il pensait que sa mission devait avoir pour effet de franchir ce pas. Il avait eu journellement des entretiens avec le ministre de la Guerre russe et le général Obroutcheff, chef de l'État-major général, et désormais le contact était établi entre les États-majors généraux. Il ne pouvait que se consolider, puisque des deux côtés, on envisageait l'hypothèse d'une action militaire commune dans le cas d'une attaque contre la Russie ou contre la France. Laboulaye faisait spirituellement remarquer à ce propos que c'était un assez singulier hasard qui faisait que cet utile résultat eût été obtenu pendant le cours d'une ambassade civile à Saint-Pétersbourg : « Les partisans d'une ambassade militaire doivent voir qu'il ne faut pas être trop absolu à cet égard et que nos officiers savent toujours remplir leur tâche, quelle qu'elle soit, en restant dans leur compétence. »

Ainsi dans sa pensée comme dans celle de Boisdeffre, les bases d'une entente existaient dès maintenant. Mais, durant les mois qui suivirent, les circonstances ne se prêtèrent pas à ce qu'on allât plus loin. C'est seulement au mois de juillet de l'année suivante, lors du renouvellement de la Triple-Alliance, l'hypothèse étant envisagée alors d'une accession indirecte de l'Angleterre, que, dans une conversation intime, de Giers et Laboulaye étaient amenés à se demander si la situation nouvelle faite par cet événement à la France et à la Russie, ne rendrait pas désirable un pas de plus dans la voie de l'entente. Cette ouverture porte la date du 18 juillet 1891 ; elle répondait aux désirs du gouvernement français et le ministre des Affaires étrangères, M. Ribot, déclarait, dès le 24, que le Cabinet dont il faisait partie sous la présidence de M. de Freycinet, ministre de la Guerre, recevrait dans l'esprit le plus favorable les propositions qui pourraient lui être faites. S'il se rendait bien compte des dispositions de

Giers, l'accord qu'il s'agissait de conclure devrait se réduire aux termes les plus simples : « Il nous paraîtrait quant à nous suffisant de convenir, d'une part que les deux gouvernements se concerteraient sur toute question qui pourrait mettre en cause le maintien de la paix et d'autre part, qu'il serait entendu que si la paix était effectivement menacée par l'initiative d'une des puissances de la Triple-Alliance, la France et la Russie prendraient sans aucun retard les mesures nécessaires pour prévenir toute surprise. » Des pourparlers, qui furent menés rapidement, s'engageaient aussitôt à Saint-Pétersbourg et le 5 août, l'accord était fait sur le principe d'un échange de vues entre les deux gouvernements. C'est sur cette base qu'allaient se poursuivre les négociations qui devaient aboutir à la convention militaire de décembre 1893.

Ces négociations dont l'initiative était due à Laboulaye, ce n'est pas lui qui devait y prendre part. Depuis déjà quelques semaines, des motifs d'ordre privé avaient exigé son retour et sa présence en France pour un temps assez long et sa démission avait été le résultat de l'embarras dans lequel il s'était trouvé. Sa décision était prise depuis le mois de mars ; il avait même été chargé de demander à M. de Giers si la Russie voudrait qu'il eût un général pour successeur. « Sa Majesté s'en remet complètement au Gouvernement français du choix qu'il fera, avait répondu Giers, et nous aurons une confiance absolue dans l'appréciation que vous nous donnerez vous-même de votre successeur. Si vous nommez un général, nous n'avons rien contre, mais ne vous croyez pas obligés de le faire. »

Laboulaye ayant demandé quel serait le successeur, M. Ribot lui avait répondu : « Partez simplement en congé et vous présenterez ultérieurement vos lettres de rappel. » C'est ainsi qu'aux mois de juillet et d'août 1891, il se retrouvait à Saint-Pétersbourg, prêt à en repartir après avoir amorcé la négociation dont nous venons de parler.

Le 10 août, il prit congé de l'Empereur. Il savait déjà par de Giers que le principe d'une entente avec la France était arrêté, mais que la forme à donner à cette entente restait encore à examiner. Alexandre le lui confirma :

« Il ne faut rien précipiter, dit-il ; ce n'est pas par le télégraphe qu'on peut préciser les termes d'un accord ; agir ainsi serait très dangereux. Le baron de Mohrenheim qui doit être consulté viendra à Pétersbourg et je pense qu'au mois d'octobre ou de novembre, nous verrons plus clair dans la situation. »

Laboulaye partit trois jours plus tard, mais à peine arrivé à Paris, alors qu'il croyait que son rôle en Russie était fini, M. Ribot l'invitait à y retourner pour représenter la France aux fêtes de Cronstadt et répondre ainsi à un désir exprimé par l'Empereur dans un entretien qu'il avait eu avec M. Flourens, l'ancien ministre des Affaires étrangères, qui voyageait alors en Russie. A cette époque, le nouvel ambassadeur de France venait d'être désigné ; c'était le marquis de Montebello, diplomate de carrière qui avait déjà occupé des postes importants et à qui était réservé l'honneur de signer la convention militaire de décembre 1893, après avoir pris la plus active part aux longs et laborieux pourparlers qui la précédèrent. Mais il n'avait pas encore présenté ses lettres de créance ; il attendait à Paris ses instructions et son ordre de départ ; l'Empereur considérait comme inopportun qu'il représentât la France au cours des manifestations auxquelles donnerait lieu la présence de la flotte française dans la Baltique et comme juste que ce grand rôle fût tenu par Laboulaye, metteur en œuvre de ce mémorable événement. Laboulaye s'empressa de déférer à l'invitation qui lui était adressée ; elle constituait pour lui une récompense qui couronnait au-delà de ses espoirs sa mission en Russie.

Ces fêtes de Cronstadt, je renonce à les raconter ici ; elles ont eu un retentissement non encore oublié. L'accueil fait à nos marins à Cronstadt, à Moscou, à Saint-Pétersbourg, l'enthousiasme des populations sur le passage de l'amiral Gervais et de ses officiers, leur réception à Péterhof, la visite de l'Empereur à bord du *Marceau*, son toast à Carnot, *la Marseillaise* jouée sur sa demande devant lui, devant la famille impériale et écoutée debout, les formes nombreuses et diverses sous lesquelles ont fraternisé à la face du monde deux grandes nations, ce sont là des souvenirs désormais fixés dans la mémoire des hommes et entrés dans l'Histoire comme le premier tableau d'un épisode magique dont la venue de l'escadre russe en France devait fournir le second. Contentons-nous de rappeler que ces fêtes produisirent en Europe un effet foudroyant et que partout, elles furent considérées comme le gage d'une politique de paix.

A la Tribune du Parlement austro-hongrois, le ministre comte Kalnocki le déclarait et ajoutait qu'il n'y avait rien de changé dans le monde. A Berlin, le chancelier Caprivi tenait le même langage ; il voyait dans l'événement la restauration de l'équilibre européen. Le même jour, à Bapaume, à l'inauguration du monument élevé à la mémoire du général Faidherbe, M. Ribot pouvait justement affirmer que l'entente de la

Russie avec la France apportait une garantie nécessaire à l'équilibre général. Enfin son caractère pacifique était encore démontré par la visite qu'en quittant la Russie, la flotte française fit à la reine d'Angleterre.

Mais il ne suffisait pas que le rapprochement des deux pays se traduisit par un accord dont les termes d'ailleurs n'étaient pas encore arrêtés et précisés. Nous avons dit plus haut que M. de Freycinet, ministre de la Guerre, souhaitait ardemment qu'il fût complété par une convention militaire et tel était le but que devait poursuivre, au cours de sa mission, le marquis de Montebello. Le gouvernement russe n'était pas encore décidé à entrer dans cette voie. Il semblait vouloir s'en tenir à l'accord arrêté déjà en principe. Mais une circonstance particulière commença à changer ses dispositions ; M. de Giers fut amené en France par l'état de sa santé. Il était à Paris au mois de novembre 1891, Mme de Freycinet et Ribot eurent avec lui d'importants entretiens confidentiels ; le ministre russe y fit preuve d'une disposition très favorable à leurs vues, tout en laissant entendre que rien ne pressait, aucune menace de guerre ne pesant actuellement sur l'Europe. Au mois d'août précédent, il avait vu le roi d'Italie et lui avait expliqué comment le renouvellement de la Triple-Alliance était la cause du rapprochement qui venait de s'opérer entre la Russie et la France. Du reste, il était convaincu que ni l'Allemagne ni l'Autriche ni l'Italie ne songeaient a la guerre. Il en avait reçu l'assurance des trois gouvernements et il ne doutait pas de leur sincérité.

Il est vrai que l'Allemagne regrettait de n'avoir pas profité de l'occasion qui s'offrait à elle d'attaquer la France en 1887, mais, n'en ayant pas profité, elle jugeait que le bon moment était passé et elle ne songeait plus à prendre les armes. C'était aussi l'opinion des ministres français, mais M. de Freycinet croyait nécessaire de convenir d'avance en pleine paix des mesures que pourrait imposer une brusque déclaration de guerre. M. de Giers reconnut que quoiqu'à son avis, la Triple-Alliance fût surtout défensive, la guerre pouvait éclater par surprise et qu'il serait sage de ne pas se laisser saisir au dépourvu. Il fallait, néanmoins, ne pas pousser les choses avec trop d'activité et tenir compte de la volonté de l'Empereur de ne rien décider qu'après de longues réflexions. Il n'y avait pas, pour l'instant, péril en la demeure. Alexandre s'appliquait à maintenir avec l'Allemagne des rapports tolérables. Tout récemment, rentrant à Saint-Pétersbourg, il n'avait pas voulu s'arrêter à Berlin, parce qu'il se sentait trop irrité contre Guillaume pour pouvoir lui faire des politesses. Se composer un visage eut été au-dessus de ses forces et il avait préféré ne pas laisser d'équivoque sur ses dispositions.

Les détails que nous rappelons sont extraits des rapports qui figurent dans le Livre Jaune, publié récemment par le gouvernement de la République et dans lesquels on peut suivre jour par jour, étape par étape, la marche des négociations vers l'Alliance. Nous ne croyons pas utile d'y faire d'autres emprunts. Il faut cependant en retenir que, durant ces conversations préliminaires, toutes les questions susceptibles de créer des difficultés ou des malentendus entre les nouveaux alliés, avaient été examinées à fond et donnaient lieu à des échanges de vues satisfaisants pour l'un et pour l'autre.

Il en fut notamment ainsi en ce qui concernait la question d'Orient. Giers déclara très nettement que l'Empereur de Russie était parfaitement résolu à ne rien entreprendre contre le sultan.

Nous en avons assez dit pour montrer combien favorable à la politique française était le terrain où allait avoir à évoluer Montebello chargé de suivre ces importantes négociations. Quoique tenu de se conformer aux instructions de son gouvernement, il aurait plus d'une fois à prendre des initiatives et à encourir des responsabilités.

A peine est-il besoin de rappeler comme un hommage à sa mémoire qu'il y a eu unanimité pour reconnaître le tact et la prudence avec lesquels il avait manœuvré. L'œuvre était pour lui d'autant plus difficile qu'il était étranger aux questions militaires et qu'en fait, c'est par des militaires qu'elles devaient être traitées. On lui avait même envoyé à cet égard un collaborateur, le général de Boisdeffre, déjà mêlé aux premiers pourparlers et qui devait les continuer avec les généraux russes désignés à cet effet par l'Empereur ; ce qui n'empêcha pas qu'il y prit lui-même une part très active ainsi que le prouvent ses dépêches.

Il était arrivé à Saint-Pétersbourg au mois de décembre 1891 et le 10 de ce mois, il était reçu officiellement par l'Empereur. Dans son rapport de ce jour, il se loue de l'accueil qui lui a été fait ; l'Empereur s'est montré plein de bonne grâce pour lui, il lui a rappelé que son père a représenté la France en Russie sous l'empereur Alexandre II et lui a exprimé le désir d'entretenir avec lui les mêmes rapports de confiance et d'amitié qui avaient caractérisé ces relations. Mais Montebello ne dissimule pas la surprise qu'il a éprouvée en voyant l'Empereur, « bien qu'il se soit permis de lui tendre un peu la perche, » garder le silence sur les derniers événements. Non seulement il n'en a pas parlé, « mais son embarras était si grand qu'il lui a fallu quelques instants pour se remettre et engager la conversation. » Le lendemain s'entretenant avec Giers, il lui a fait part de son étonnement.

« Ne vous étonnez pas, lui a répondu le ministre, la timidité de l'Empereur est telle que dans une première entrevue, il n'aurait pas osé aborder un sujet de cette importance. Mais vous pouvez vous rassurer, il attendait votre arrivée avec impatience ; il est heureux que votre Gouvernement vous ait choisi et vous ne tarderez pas à avoir des preuves de sa confiance. Notre Empereur, malgré sa grande timidité, sait quand il le faut parler avec une netteté et une fermeté dont nous sommes parfois nous-mêmes effrayés. Lorsque le moment sera venu, vous entendrez aussi de sa bouche un langage dont vous n'aurez pas à vous plaindre. » Tel est le point de départ des négociations qui ne se dénouèrent qu'à deux ans de là. Les principaux acteurs en sont : du côté de la France, à Paris, le Président Carnot, MM. de Freycinet et Ribot et leurs successeurs au Quai d'Orsay MM. Deville, Casimir Périer, le général de Miribel, chef d'Etat-Major général ; à Saint-Pétersbourg le marquis de Montebello, le général de Boisdeffre assisté du colonel Moulin ; du côté de la Russie et sous les ordres d'Alexandre III, le ministre Giers, les généraux Obroutcheff et Vannowsky et l'ambassadeur impérial Mohrenheim. C'est entre ces personnages qu'eurent lieu les études préliminaires et que furent prises les décisions successives proposées à l'agrément de l'Empereur et au Président de la République française.

Rappelons enfin qu'elles furent poursuivies dans le plus grand secret, ainsi que l'avait demandé Alexandre. Elles n'ont été connues dans leurs détails qu'à une date récente par la publication du Livre Jaune où se trouvent relatés les nombreux incidents qui en retardèrent la conclusion. Mais ces deux années ne furent pas perdues pour l'Alliance, elles donnèrent lieu à des manifestations qui, de plus en plus, la rendaient inévitable.

C'est ainsi, par exemple, qu'il fut décidé par l'Empereur au mois d'août 1893, que l'escadre russe, sous les ordres de l'amiral Avelane, irait à Toulon, pour rendre à la flotte française la visite faite par celle-ci à Cronstadt. La décision impériale fut exécutée en septembre et donna lieu à de nouveaux échanges de sympathies et d'amitiés. Les Parisiens n'ont pas oublié la présence des marins russes aux obsèques du maréchal de Mac Mahon. A ce moment, par suite de la saison et de l'absence de l'Empereur, les négociations de Saint-Pétersbourg avaient été suspendues, mais, dès le début de décembre, elles étaient reprises au point où elles avaient été laissées, c'est-à-dire tout proche de leur fin.

Le 19, Montebello, rentré de congé, fut reçu par l'Empereur. Il était chargé de lui remettre, avec une lettre autographe, le grand cordon de la Légion d'Honneur conféré à son frère, le grand-duc Paul, par le Président de la République. Après avoir exprimé sa gratitude, l'Empereur déclara qu'il avait été profondément touché de l'accueil fait aux officiers de la Marine impériale à Toulon et à Paris. « Devant une semblable manifestation de deux grands pays se sentant attirés spontanément l'un vers l'autre, personne n'oserait bouger. »

Il ne croyait pas d'ailleurs qu'il fût juste d'accuser les Français de préparer la Revanche ; il n'en voyait nulle part la preuve.

« Vous ne seriez pas de bons patriotes si vous ne conserviez pas la pensée que le jour viendra où vous pourrez rentrer en possession de vos provinces perdues ; mais entre ce sentiment trop naturel et l'idée d'une provocation, il y a loin et vous avez maintes fois prouvé, vous venez de le montrer encore, que vous voulez la paix avant tout et que vous saurez attendre avec dignité. »

Il semble que, dans cette audience, l'Empereur se soit donné pour but d'exposer à l'ambassadeur de la République toutes les raisons pour lesquelles il se félicitait d'être en rapport avec la France. Il fit même allusion à « l'admirable attitude » du Président de la Chambre des Députés, M. Charles Dupuy et de la Chambre elle-même, le jour où une bombe avait été jetée dans l'enceinte parlementaire. Montebello entendit, au cours de cette audience, le langage le mieux fait pour flatter son orgueil de Français. L'Empereur s'abstint de lui parler des négociations en cours, mais il n'en fut pas surpris, car il savait qu'elles touchaient à leur terme et que ce n'était plus qu'une affaire de jours.

Le 21 décembre, en effet, il recevait de Giers une lettre « très secrète, » dans laquelle celui-ci lui annonçait, « d'ordre suprême, » que le projet de convention militaire élaboré par les États-majors russe et français, tel qu'il avait été approuvé en principe par l'Empereur, pouvait être considéré désormais comme définitivement adopté dans sa forme actuelle. Ce projet, signé en août 1892 par Obroutcheff et Boisdeffre, constituait donc un traité définitif et couronnait en les complétant tous les arrangements précédents.

A ce titre, la convention militaire devait être revêtue de la signature de l'ambassadeur de France et de celle du ministre des Affaires étrangères de Russie. C'est le 31 décembre que, le traité ayant reçu la sanction suprême de l'Empereur, les deux diplomates le signèrent. Giers, ayant pris la plume, fit le signe de la croix et, les yeux au ciel, parut se recueillir dans une courte prière. Et comme Montebello le regardait étonné, il dit : « Je viens de demander à Dieu d'arrêter ma main si, contre toutes mes prévisions, contre l'évidence de ma raison, cette alliance doit être funeste à la Russie. » Sa main ne fut pas arrêtée et même elle ne trembla pis. Ainsi se réalisait le projet conçu par Laboulaye sept ans avant. A la suite d'un long échange de services et à travers les incidents et les péripéties dont nous avons tracé le tableau, le rapprochement qu'il avait souhaité était opéré, la main de la Russie tombait dans celle de la France, attirées l'une vers l'autre par la réciprocité des intérêts.

Depuis la catastrophe qui a renversé la dynastie des Romanoff et paralysé les effets de l'Alliance franco-russe au moment où la guerre nous permettait d'y trouver un secours et d'en ressentir les bienfaits, il est devenu de mode dans certains milieux politiques d'en contester l'utilité. On est allé jusqu'à dire qu'elle nous avait fait plus de mal que de bien. De tels propos révèlent un singulier manque de mémoire ; ils sont la négation de l'évidence. Avant l'Alliance, la France était isolée, exposée aux coups du militarisme prussien et peut-être à l'indifférence des autres nations, comme elle l'avait été en 1871. Mais au lendemain du jour où les fêtes de Cronstadt avaient révélé l'entente, prologue de l'Alliance, la situation s'était transformée, l'isolement avait cessé et désormais se trouvaient en présence les deux camps indispensables à l'équilibre européen. La convention de décembre consacrait cet état de choses, mais longtemps encore, elle devait être ignorée, sauf des personnages qui l'avaient préparée et s'étaient engagés sur l'honneur à ne pas la divulguer. Aussi n'attache-t-on aucune importance significative à certains faits qui se produisent et qui cependant, pour ceux qui savent, prouvent qu'entre la Russie et l'Allemagne il y a quelque chose de changé.

Au mois de mars 1891, le général de Werder, ambassadeur allemand à Saint Pétersbourg, donne un grand bal auquel l'empereur Alexandre a promis d'assister. Le général ayant été l'ami de son grand-père et de son père, il n'a pu refuser l'invitation, et d'autant moins que, l'année précédente, il avait honoré de sa présence une fête donnée en son honneur à l'ambassade de France. Jusqu'à ce moment, il était d'usage que l'Empereur et les grands-ducs, lorsqu'ils se rendaient chez les ambassadeurs des pays où ils avaient des régiments à titre honoraire, en portassent l'uniforme ; mais cette fois un ordre spécial du Tsar enjoint aux grands-ducs de revêtir l'uniforme russe pour aller chez le représentant de l'Allemagne, et c'est en uniforme russe que lui-même s'y présente. Il marque mieux encore son intention en se retirant avant le souper, au grand dépit de son amphitryon. Ce sont là de menus faits, mais ils témoignent de la volonté d'affirmer la préférence qu'il accordera désormais au gouvernement de la République française. Naturellement, sa conduite en cette circonstance est commentée dans les chancelleries, sans que personne soupçonne encore que les deux gouvernements se sont alliés par une convention militaire.

Lorsqu'au mois de juin 1894, le président Carnot est assassiné à Lyon, on est frappé de la forme particulièrement émouvante des condoléances de la cour de Russie. Giers, parlant de la victime, la qualifie de « chef vénéré de la nation amie » et invite les populations russes à prier pour elle. Les chancelleries n'y voient cependant que la confirmation de ce que l'on savait déjà, depuis les fêtes de Cronstadt. Pour ce qui les a suivies, on reste dans l'ignorance ; elle existait encore lorsque mourut Alexandre III, et il en fut de même sous le règne de Nicolas II et en 1899, lors du voyage à Saint-Pétersbourg de M. Delcassé, ministre des Affaires étrangères. Ce voyage avait pour but d'obtenir du Tsar une modification au traité primitif, jugée indispensable par le gouvernement français. Ces choses, répétons-le, ne devaient être révélées que plus tard, et, comme elles appartiennent à une autre période et à un autre règne, nous nous contenterons d'y faire allusion, voulant prouver seulement que, jusqu'à la fin, le fils d'Alexandre III est resté fidèle aux engagements pris par son père. Ce sera prouvé et archi-prouvé quand ce règne et les événements tragiques qui l'ont caractérisé seront murs pour l'Histoire, et ce sera aussi pour la mémoire de l'infortuné souverain, indignement calomnié, l'heure de la justice et de la revanche.

III

Au mois d'août 1894 et presque à l'improviste, la santé de l'empereur Alexandre donnait lieu à des nouvelles alarmantes. Depuis quelques semaines, on le savait mal remis d'une attaque d'influenza, mais personne n'avait soupçonné la gravité des malaises dont il se plaignait. Sa santé, robuste jusque-là, sa force exceptionnelle, sa prestance que l'âge n'avait pas diminuée, cet âge même qui était encore celui où l'homme reste en possession de toute sa vigueur, faisaient illusion et avaient contribué à éloigner la crainte de le voir mourir prématurément. Mais voici que, brusquement, l'état s'aggravait ; de jour en jour, les complications survenaient dans la santé du souverain à qui, jusque-là, semblait promise une longue existence. On voit alors les inquiétudes se multiplier dans son entourage et se répandre rapidement dans l'empire.

Ces inquiétudes ne s'inspirent pas seulement du péril qui menace la vie du Tsar, elles s'inspirent aussi, des appréhensions qu'ont éveillées aux premières nouvelles de sa maladie l'insuffisance de son fils ou, pour mieux dire, l'ignorance dans laquelle on était de ce qu'il valait moralement et intellectuellement. t)n ne savait rien de lui, rien, si ce n'est cependant que, contrairement à la méthode employée par Nicolas Ier et Alexandre II envers leur héritier, Alexandre III avait systématiquement tenu le sien à l'écart des affaires et qu'en conséquence le futur Empereur n'avait pu se préparer à l'immense et lourde tâche qui allait lui incomber.

Les inquiétudes sur la santé du souverain augmentaient d'heure en heure. Au mois de septembre, les médecins constataient une albuminurie intermittente et soupçonnaient une lésion du côté du cœur. En quelques semaines, l'Empereur avait maigri de cinquante livres, ses pieds gonflaient, il ne pouvait plus supporter de chaussures ; enfin, symptôme plus alarmant, il s'endormait à table. Il pouvait cependant travailler encore un peu, et dans son entourage, on l'y poussait afin de le distraire.

Ce qui le préoccupait surtout, au milieu de ses souffrances, c'était le prochain mariage de son fils, qu'il aurait voulu célébrer avant de mourir. Alors âgé de vingt-cinq ans, le grand-duc héritier était fiancé depuis quelque temps à la princesse Alix de Hesse, quatrième fille du grand-duc régnant de Hesse-Darmstadt, Louis IV, et d'Alice d'Angleterre, fille ainée de la reine Victoria. Née en 1872, elle venait d'atteindre sa vingt et unième année ; sa sœur ainée, Victoria, avait épousé le prince Louis de Battenberg ; la cadette, Elisabeth, le grand-duc Serge Alexandrowitch, et Irène, la troisième, le prince Henri de Prusse. Leur mère étant morte en 1878, leur grand'mère, la reine de la Grande-Bretagne, s'était chargée de leur établissement ; Alix, la plus jeune de ses petites-filles, avait bénéficié de la même tutelle et lui devait de devenir l'épouse du futur Empereur de toutes les Russies.

Ce n'était pas la première fois que les Romanoff s'alliaient à la maison de Hesse : Alexandre II, et plus tard l'un de ses fils, le grand-duc Serge, y avaient choisi leur épouse. Ces alliances matrimoniales avec la même famille, d'abord favorablement acceptées, avaient cessé d'être populaires, en raison surtout de la pauvreté des princesses, qui obligeait l'Empereur à faire tous les frais du mariage, y compris le trousseau et les diamants. « La mouche de Hesse, disait-on, s'est abattue sur le blé russe. » On s'explique maintenant pourquoi la nouvelle des fiançailles de Nicolas avait causé d'abord quelque déception dans le monde de la Cour. Mais cette impression s'était effacée rapidement, tant ce qu'on disait de la future Impératrice était à son avantage et, d'une manière générale, on regrettait que les noces n'eussent pas eu lieu avant la maladie de l'Empereur.

Cependant, ce n'est pas seulement à cette maladie qu'était dû le retard que l'Empereur était le premier à déplorer ; la jeune princesse avait longtemps hésité à donner son consentement, d'abord parce qu'il lui répugnait de changer de religion et qu'elle avait manifesté sa répugnance en refusant par deux fois de recevoir un pope, envoyé de Saint-Pétersbourg pour la préparer à passer du luthérianisme à la confession orthodoxe, et ensuite parce qu'elle avait appris qu'une liaison existait entre le grand-duc et une danseuse polonaise. Sur ce point, elle fut bientôt rassurée par les preuves formelles qui lui furent données de la rupture de cette liaison. Sur la question religieuse, elle fut plus résistante et, pour la décider à embrasser l'orthodoxie, il ne fallut rien moins que l'insistance de l'empereur Guillaume II. Il se transporta à Darmstadt pour la chapitrer et lui faire entendre qu'en montant sur le trône de Russie, elle se mettrait à même d'être utile à l'Allemagne et qu'en conséquence elle devait, en sa qualité d'Allemande, ne reculer devant aucun moyen pour s'assurer la brillante destinée qui s'offrait à elle.

Au moment où l'empereur Alexandre était aux portes de la mort, les difficultés apportées au mariage de son fils étaient aplanies et le mariage eût été célébré si la maladie du souverain n'avait obligé à le retarder. Elle l'avait surpris à Varsovie. Le 2 octobre, il en parlait pour la Crimée avec l'Impératrice. En arrivant le 5 à Livadia, celle-ci lui proposa de faire venir d'Allemagne un spécialiste des maladies du cœur dont elle avait déjà reçu les soins. Il écarta cette offre par un refus formel, en alléguant que son médecin ordinaire lui suffisait. Elle prétexta alors de la nécessité où elle se trouvait de consulter le spécialiste allemand pour elle-même et pour le général Richter, chef de la maison militaire. Le personnage étant arrivé, l'Empereur se décida à le voir et, sur son conseil, il consentit à aller passer l'hiver à Corfou où des ordres furent aussitôt envoyés pour y préparer son installation. Là, il pourrait prendre un repos complet et jouir d'un climat plus chaud que celui de la Crimée. Son beau-frère, le roi de Grèce, qui se trouvait alors dans sa famille à Copenhague, partit aussitôt pour Corfou afin de le recevoir. Mais en passant à Vienne, il laissa entendre que l'état d'Alexandre était désespéré et, de son côté, le comte Benckendorff, grand-maître de la maison impériale, en arrivant à Corfou, exprimait la crainte que l'Empereur ne pût quitter Livadia. Cette crainte allait se réaliser. Le 16 octobre, force était de décider que l'Empereur ne se déplacerait pas et que le grand-duc héritier, Nicolas, qui devait aller à Darmstadt passer quelques jours auprès de sa fiancée, devait renoncer à ce voyage. C'est elle qui irait à Livadia. Quant à lui, sous la surveillance de son oncle, le grand-duc Wladimir, il commençait à gouverner.

Le 20, tout espoir de conserver une existence si précieuse à la Russie étant perdu, tous les membres de la famille impériale partaient pour Livadia où, durant quelques jours encore, on allait vivre dans des alternatives angoissantes auxquelles s'associait par toute la Russie la partie pensante de la nation qui ne se dissimulait pas que le fardeau du pouvoir serait sans doute trop lourd pour les épaules destinées à le porter.

« Que sera ce nouveau monarque ? se demandait-on. Pour gouverner la Russie, il faut une intelligence et une volonté. Alexandre III possède l'énergie ; son fils est timide et craintif. Elevé avec sévérité, il n'a pas eu de jeunesse. A vingt-six ans, il ne sait rien de la vie que la famille où il a grandi à l'ombre de l'autorité paternelle. Sa petite taille achève de donner l'impression d'un adolescent peu capable de gouverner un grand peuple.» Néanmoins, après les obsèques, le premier jugement porté sur Nicolas II devenait plus bienveillant ; ceux qui l'approchaient lui reconnaissaient une maturité d'esprit qu'ils n'avaient pas soupçonnée. On racontait que les rares conseils qu'il avait reçus *in extremis* de son père lui avaient profité et qu'il avait pris, vis-à-vis de sa mère, l'engagement de s'y conformer. Sur ce dernier point, on ne disait que la vérité. Pendant les premières années de son règne, il suffira pour inspirer ou modifier ses résolutions qu'elle lui dise : « Ton père aurait fait ceci ; ton père n'aurait pas fait cela.»

Au lendemain du mariage, la jeune impératrice bénéficie d'une égale transformation du sentiment public à son égard. Elle a charmé tout le monde, même le roi de Danemark, qui n'avait pas vu avec plaisir son petit-fils épouser une princesse allemande. Le prince Lobanoff écrit : « La nouvelle impératrice est tout à fait charmante et certains traits du bas du visage qu'on lui reprochait et qui semblaient un peu durs quand sa physionomie est au repos, se transforment dans son sourire et l'impression qu'on en carde est gracieuse.» Mais ces éloges ne s'adressaient qu'aux agréments extérieurs de la souveraine et restait à savoir ce qu'elle valait moralement et ce qu'elle serait dans l'avenir.

Ainsi que je l'ai dit plus haut, je considère que l'heure n'est pas venue, vu l'obscurité des événements qui se sont déroulés en Russie dans ces dernières années, de raconter l'histoire du règne de Nicolas II. C'est un devoir pour l'historien de n'entreprendre cette histoire que lorsqu'ils seront mieux connus et lorsqu'il pourra faire une sélection équitable entre les commentaires calomnieux qui ont dénaturé les intentions et les actes du souverain et la vérité sur ce qu'il a voulu et entrepris. Mais je ne crois pas manquer à ce devoir en laissant entendre qu'aux approches de la catastrophe qui a brisé la dynastie des Romanoff, la compagne du tsar n'a pas réalisé les espérances qu'avaient conçues ses admirateurs lors de l'avènement de Nicolas. On sait que le mariage n'eut lieu que lorsque déjà le jeune tsar était couronné depuis trois semaines. Quels qu'aient été les jugements qu'on portait alors sur l'impératrice, il n'apparaît nulle part que personne ait jamais prévu qu'elle pourrait être accusée un jour d'avoir été le mauvais génie de son époux, ce dont on l'accuse aujourd'hui. L'avenir nous éclairera sur ce point, mais, dès maintenant, elle doit bénéficier comme lui ; d'une part, du doute qui règne encore quant à la légitimité des reproches qu'on leur adresse et, d'autre part, de la cruauté de leur destin. Contenions-nous de rappeler que lorsque Nicolas II est investi de la redoutable puissance autocratique, étant si peu préparé à l'exercer, on se demande dans les gouvernements européens s'il restera fidèle à la politique suivie par son père.

L'incertitude à cet égard était d'autant plus permise que, le ministre Giers, conseiller éclairé et fidèle d'Alexandre III était condamné par l'état de sa santé à quitter le pouvoir et qu'on ne savait encore quel serait son successeur. Mais bientôt on se rassurait ; le manifeste impérial, publié le 2 novembre, après avoir désigné comme héritier le grand-duc Georges, frère puîné de l'Empereur, jusqu'au jour où celui-ci aurait un fils de son mariage, déclarait que le nouveau souverain suivrait obstinément la politique pacifique de son père et, pour prouver qu'il n'en voulait pas changer, il demandait à Giers, qui lui avait apporté sa démission, de conserver encore ses fonctions pendant quelque temps. Il faisait donner les mêmes assurances au gouvernement français. Recevant sir Franck Lascelle, ambassadeur de la Grande-Bretagne, il écoutait avec complaisance les propos que lui tenait ce diplomate, qui rêvait dans l'avenir une Angleterre réconciliée sur tous les points avec la France et la Russie et contractant avec elles une alliance qui serait la plus sûre garantie de la paix.

En même temps, il faisait à son oncle le prince de Galles, venu pour assister aux obsèques d'Alexandre III, le plus affectueux accueil. Il est vrai que le futur Edouard VII se conduisait avec beaucoup de tact et de dévouement.

« On l'a remarqué, est-il dit dans un rapport, il a su se rendre utile avec discrétion au milieu du grand désarroi causé par la catastrophe. Il a donné avec simplicité des conseils judicieux sur ce qu'il y avait à faire et on lui a été reconnaissant de son rôle tout amical. La reine Victoria a fait preuve aussi de beaucoup de sympathie et d'affection pour les jeunes souverains. »

Bien que l'auteur de ce rapport, tout en reconnaissant qu'il y avait là des sentiments personnels qui assurément avaient leur importance, déclarât qu'ils ne pouvaient primer les intérêts nationaux, on peut voir dans ces incidents l'origine de l'Entente cordiale que la guerre de 1914 devait transformer à quelques années de là en une alliance effective. Enfin, comme dernière preuve de son désir de s'attacher à consolider l'accord que son père avait contracté avec la France, l'empereur Nicolas, ayant accepté la démission de son ministre des Affaires étrangères Giers, désignait pour le remplacer le prince Lobanoff, qui était alors ambassadeur en Autriche-Hongrie et venait d'être désigné en la même qualité pour le poste de Berlin.

Lobanoff avait toujours fait profession d'aimer notre pays et par conséquent le choix impérial qui lui donnait la succession de Giers, était significatif. Il était encore à Vienne lorsqu'il le connut confidentiellement. Aussi Guillaume II étant venu dans cette capitale, l'ambassadeur trouva un prétexte pour s'abstenir de le voir et le Kaiser partit sans avoir appris cette nomination. Il fut très mécontent de ne pas avoir Lobanoff auprès de son gouvernement. Le nouveau ministre des Affaires étrangères de Russie disait plaisamment à ce propos : « L'empereur d'Autriche n'a pas été satisfait quand j'ai été nommé à Berlin ; voilà l'empereur d'Allemagne furieux de me voir aller à Saint-Pétersbourg ; cela fait compensation. »

Mais ce qui avait une autre importance que cette réflexion railleuse, ce fut la déclaration que, le 5 mars 1895, avant de quitter Vienne, Lobanoff fit à un de ses collègues du corps diplomatique :

« Je ne suis pas encore à Pétersbourg et je ne puis rien dire de la part de l'Empereur. Mais à la suite des nombreuses conversations que j'ai eues avec lui, lors de mon dernier voyage, je puis vous donner l'assurance qu'il a la ferme volonté de suivre la politique de son père. Vous pouvez le dire. Vous connaissez mes sentiments. Or j'estime qu'il y a pour un ministre des Affaires étrangères une nécessité qui s'impose, c'est non seulement d'exprimer les opinions de son souverain, mais de les partager. Quand il n'en est plus ainsi, le ministre doit donner sa démission ou le souverain le remercier. Si l'Empereur vient de me choisir, c'est que mes idées politiques sont conformes aux siennes et qu'il pense comme moi que l'intérêt de la Russie est de continuer la politique étrangère suivie par Alexandre III. L'empereur Nicolas se maintiendra dans cette voie, malgré les attractions dont il pourra être l'objet. Cela n'empêchera pas les actes de courtoisie et les échanges de politesse qui sont d'usage entre les nations et les cours souveraines. Je suis d'avis qu'il faut les pratiquer largement jusqu'à la veille du jour où l'on cesse d'être d'accord. Mais il faut faire une distinction entre les devoirs de famille aussi bien que les relations amicales qui existent entre les souverains et le maintien des relations que l'intérêt politique a créées ; la France peut être certaine que la situation actuelle est ce qu'elle était avant la mort d'Alexandre III et le restera.»

Il n'y a pas lieu d'excursionner plus loin dans les débuts du nouveau règne et il nous suffira de rappeler pour finir que si le jeune empereur entendait ne rien changer dans la politique extérieure de l'empire, il opéra, à peine sur le trône, une réforme radicale dans la politique intérieure en supprimant le régime policier qui pesait sur ses sujets et qu'avaient rendu nécessaire les attentats nihilistes au temps d'Alexandre II. Cette réforme, émanée de l'initiative personnelle de Nicolas, suscitait de toutes parts d'immenses espoirs et inspirait une confiance que malheureusement, à quelques années de là, ses propres fautes, en présence d'événements imprévus, devaient cruellement démentir.